KB203928

표적의 책 : 생명과 풍성함을 주는 '영광의 복음서'

# 요한복음 (상)

요한복음은 복음서 가운데 가장 마지막으로 기록된 제4복음서입니다. 복음서 중에서도 가장 깊이 있는 복음서이며 가장 쉬우면서도 심오한 복음서, 가장 영적이며 우주적인 복음서입니다. 요한복음은 두 가지 사명을 동시에 가집니다. 유대인들에게 복음을 전하며, 동시에 이방인에게 복음을 전합니다. 예수님은 오실 메시야 곧 그리스도이시다라는 메시지는 유대인들을 위한 것이며 동시에 예수님은 하나님이 되신다는 그분의 신성에 관한 메시지는 이방인에게 유익합니다. 어느 하나 소홀히 여길 수 없는 것입니다. 이는 믿는 자에게도 믿지 않는 자에게도 동시에 유익하다 함을 알게 하십니다.

복음서는 각각의 주된 특징이 있습니다. 마태복음은 유대인의 왕으로 오신 예수 그리스도의 왕 되심을 선포하며, 마가복음은 고난의 종으로서 예수 그리스도의 고난을 보여주며, 누가복음은 사람으로서 예수 그리스도의 모습을 통해서 우리들의 신앙을 견인하여 준다면 요한복음은 예수 그리스도의 신성을 부각함으로 그분을 향한 참된 믿음과 신앙을 가지게 합니다. 왕이시며 동시에 종이시며, 사람이시며 동시에 하나님 되신 주님의 모습을 복음서는 보여줍니다.

이제 이 요한복음을 온전히 이해하기 위한 특징은 다음과 같습니다.

첫째, 요한복음의 문화적이며 사상적인 특징입니다. 한 마디로 요한복음은 헬라적이며 유대적입니다. 요한복음은 표면적으로 헬라의 옷을 입고 있습니다. 예수님을 처음부터 '로고스'(말씀)라 하며(1:1), 어둠과 빛을 대조하며(1:5), 육과 영을 대조하며(3:6), 위와 아래를 대조합니다(3:31). 예수님을 '참 빛'(1:9), '참 떡'(6:32), '참 포도나무'(15:1)라 하심은 요한복음의 1차 대상이 헬라 사회인 것을 알게 합니다.

그러나 요한복음은 철저하게 유대적입니다. 예수님을 소개할 때에 하나님의 어린 양(1:29), 메시야(1:41), 하나님의 아들, 이스라엘의 임금(1:49)으로 소개합니다. 가나의 혼인잔치는 유대교 정결 예식을 보여줍니다(2:6). 사마리아 여인과의 대화는 유대적이며(4장), 계속적으로 유대교와 대결하며 논쟁하면서도 유대교의 절기를 중심으로 진행됩니다. 곧 요한복음은 표면적으로는 헬라적인 색채를 가지고 있음에도 불구하고 그 내용과 사상은 철저하게 유대적이며 팔레스타인적입니다. 이는 다만 유대 사회뿐만 아니라 헬라 사회를 살아가는 디아스포라 유대인들에게 복음을 전하는 데에 유익한 것입니다. 우리는 요한복음으로부터 어떻게 유대적 배경의 복음을 헬라적 사회에 전했는지를 배워야 합니다. 이는 복음을 어떻게 이 시대에 전달 수 있을 것인가에 관하여 지혜를 얻게 될 것이기 때문입니다.

둘째, 요한복음과 공관복음의 차이입니다. 요한복음에 대한 이해는 공관복음과의 차이 속에서 분명해집니다. 공관복음에 비해 요한복음은 제4복음서로 불립니다. 이는 마태, 마가, 누가복음과 분명히 여러 면에서 상이함을 나타내기 때문입니다. 각 복음서의 차이에도 불구하고 요한복음은 다른 복음서와 현저한 차이를 보입니다.

1. 예수 그리스도에 대한 이해의 차이입니다. 예수 그리스도는 역사적이기보다는 신학적이며, 신앙적입니다. 그는 선포자가 아닌 계시자입니다. 이적은 그의 능력이 아닌 표적이며, 그의 죽음은 속죄가 아닌 아버지께로 돌아감의 승귀이며 영광입니다. 보다 영적이며, 보다 신적입니다. 그의 시작은 공생애(마가)와 탄생(마태, 누가)을 넘어 태초로부터 기원합니다.

"하나님이 세상을 이처럼 사랑하사 독생자를 주셨으니 이는 그를 믿는 자마다 멸망하지 않고 영생을 얻게 하려 하심이라"(요 3:16)

2. 주제의 차이입니다. 요한복음의 주제는 하나님 나라가 아닌 영생에 있습니다. 하나님 나라는 유대적인 배경에서 하나님의 통치와 다스림을 강조한다면 영생은 헬라적인 배경에서 하나님께서 주시는 생명에 관하여 강조합니다.

"썩을 양식을 위하여 일하지 말고 영생하도록 있는 양식을 위하여 하라 이 양식은 인자가 너희에게 주리니 인자는 아버지께서 인치신 자니라 그들이 묻되 우리가 어떻게 하여야 하나님의 일을 하오리이까 예수

께서 대답하여 이르시되 하나님께서 보내신 이를 믿는 것이 하나님의 일이니라 하시니"(요 6:27-29)

3. 구조적인 차이입니다. 요한복음은 갈릴리 중심이 아닌 예루살렘 중심입니다. 갈릴리보다는 유대지역과 예루살렘에서의 사역이 두드러집니다. 요한복음에서는 이미 공관복음에서 기록된 갈릴리 사역에 관하여 요약, 생략, 축소하며 공관복음에서 빠진 예루살렘 사역에 관하여 보다 상세하게 전합니다.

셋째, 요한복음의 구조적인 이해입니다. 요한복음의 구조를 이해하는 것은 결코 쉽지 않습니다. 일찍이 불트만 같은 학자는 요한복음이 서투른 편집으로 인해 잘못 배열되었다고 주장하였습니다[1]. 이는 마치 꼬인 실타래와 같이 그것을 푸는 것이 어려운 지경에 있음을 의미하는 것입니다. 곧 앞에 나오는 성전 청결 기사는 뒤로 수난 기사 부분으로 돌아가야 하며, 예수님의 대제사장 기도(17장, 고별 기도)는 다락방 강화(13-17장)에서 수난 예고(13:1-30) 다음에 와야 한다고 주장합니다. 이를 '환치 이론'이라 합니다. 그러나 이러한 환치 이론은 사본상, 이론상의 어떠한 근거가 없는 자의적인 판단입니다. 환치 이론은 요한복음의 구조가 얼마나 난해한 것인가를 분명하게 보여줍니다.

---

1)  박수암, 『요한복음』(서울: 대한기독교서회, 2002), 32쪽.

다음으로 주제별로 요한복음의 구조를 정리한 학자는 다드로서 그는 요한복음을 크게 서론(1장)과 결론(21장), 그리고 두 개의 부분으로 나누어지는 본론으로 첫 번째 본론을 '표적의 책'으로(2:1-12:50), 두 번째 본론을 '수난의 책'이라 하였습니다(13:1-20:31). 학자마다 서론의 범위를 1장 전체로 볼 것인지, 아니면 1장1-18절을 서론 혹은 서문으로 보고 1장19절로부터 시작할지, 또한 두 번째 본론의 명칭을 '수난의 책'이 아닌 '영광의 책'으로 볼 것인지 등의 작은 차이만 있을 뿐 주제별로 요한복음을 볼 때에 다드의 견해에서 크게 다르지 않습니다. 이는 '환치 이론'에서 좀 더 발전되어 요한복음의 구조를 설득력 있게 제시하였다는 데에 의미가 있습니다.

　세 번째로 요한복음의 새로운 구조 이해는 게르하르트에 의한 것입니다. 그는 앞선 학자들의 견해인 요한복음 여러 편집자들의 편집 과정을 거쳤다는 주장에 반대합니다. 요한복음은 환치 이론과 같이 본문이 이탈 혹은 재배열된 것도 아닌 한 사람의 글로 주장합니다. 게르하르트가 주장하는 요한복음의 구조는 '교차 대구법'(키아즘)에 의한 것으로 요한복음 처음부터 끝까지를 이러한 견해 안에서 설명합니다[2]. 그러나 게르하르트의 이러한 키아즘적인 시도의 긍정에도 불구하고 일정한 본문을 제외시키고(간음한 여인), 주제에 대한 명확성보다는 비슷한 단어

---

2)　이상훈, 『대한기독교 서회 창립 100주년 기념 성서주석: 요한복음』(서울: 대한기독교서회, 1993), 46쪽.

등의 외적인 일치에 치중하였으며, 새로운 시도는 오히려 요한복음의 구조와 구성을 복잡하고 난해하게 만들었습니다.

불트만의 환치 이론은 요한복음의 구조를 설명하고자 시도한 점에 있어, 다드의 구조 이해는 요한복음의 주제 이해에, 게르하르트의 교차 대구법적 이해는 깊이 있는 요한복음의 구조 이해에 나름 의미가 있다고 하겠습니다. 그러므로 다드로부터 심화된 주제별 이해와 게르하르트에 의한 키아즘적인 구조를 함께 살피며 요한복음의 주제와 구조를 이해하는 것이 보다 바람직한 견해가 될 것입니다.

앞선 연구사적인 전 이해 속에서 요한복음을 다음과 같이 이해하고자 합니다. 요한복음은 앞과 뒤에 서문(1:1-18)과 후기(21장)가 있으며, 크게 두 부분으로 나누어집니다. 1장19-12장50절은 '표적의 책'이며 13장1-20장31절은 '영광의 책'입니다.

넷째, 요한복음의 역사적 배경입니다. 초기 기독교에 있어서는 유대교와 기독교는 분리되지 않았습니다. 그러나 점차 이들은 분리되고, 기원후 90년 얌니아 회의에서 기독교는 유대교에서 이단으로 정죄되면서 회당에서 출교 됩니다. 유대교에서 매일 암송되는 18기도문에는 기독교를 저주하는 기도가 삽입되었습니다. 유대교로부터 분리와 출교, 저주라는 역사적 상황에서 그리스도 공동체는 로마로부터의 박해뿐만 아니라 유대교의 정죄와 저주를 받아야 했습니다. 그러므로 요한복음은 이러한 그리스도교 공동체의 정체성을 가르칩니다. 요한복음이 철저하게 유대적인 이유는 한편으로는 그들이 결코 유대적인 배경과 다르지 않음을 가르치면서도 동시에 다른 한편으로 유대교에 대립적인 가르침을 통해서 참된 믿음이 무엇인지를 밝힙니다. 이는 요한복음의 기록 목적이 무엇인지를 분명히 알게 합니다.

"예수께서 제자들 앞에서 이 책에 기록되지 아니한 다른 표적도 많이 행하셨으나 오직 이것을 기록함은 너희로 예수께서 하나님의 아들 그리스도이심을 믿게 하려 함이요 또 너희로 믿고 그 이름을 힘입어 생명을 얻게 하려 함이니라"(요 20:30-31)

요한 공동체가 얌니아 회의에 의해서 출교된 직후, 그리고 사도 요한이 밧모섬에 유배를 가서 요한계시록이 기록되기 이전에 에베소에서 기록된 것으로 여겨지는 요한복음은 고난 가운데 있었던 인생에게 주신 하나님의 귀한 사랑의 선물입니다. 이는 생명을 주심으로 사랑하게 하시며, 사랑을 받은 자들로 하여금 생명을 전하게 하시는 것입니다.

# 차 례

## 서 론

**제1부**  예수 그리스도의 성육신(1:1-18)

## 본론 1: 표적의 책(1:19-12장)

**제2부**  그리스도의 초기 사역(1:19-4장)

**제3부**  명절을 온전케 하신 그리스도(5-10장)

## 제4부   영광을 향하심(11-12장)

# 요한복음의 구조

| 서론 (서론 1:1-18) | | | 본론 1: 표적의 책(1:19-12:50) | | | | | | | | |
|---|---|---|---|---|---|---|---|---|---|---|---|
| 성육신 | 그리스도의 초기 사역 | | 명절을 온전케 하신 그리스도 | | | | | | | 영광을 향하심 | |
| | 1 | 2 | 3 | 4/5 | | 6 | | | | 7 | |
| 예수 그리스도의 성육신 | 세례 요한과 제자들의 증언 | 가나의 혼인잔치 / 성전 정화 사건 | 예수님과 니고데모 | 사마리아 여인 / 왕의 신하의 아들 | 베데스다의 38년 병자의 치유 | 오병이어 / 물 위를 걸으신 예수님 | 초막절 강화 | 음행 중에 붙잡힌 여인 | 날 때부터 맹인 된 자를 고치심 | 선한 목자이신 예수님 | 죽은 나사로를 살리심 / 향유를 부은 마리아 / 예루살렘 입성 |
| 1장 | 1장 | 2장 | 3장 | 4장 | 5장 | 6장 | 7장 | 8장 | 9장 | 10장 | 11장 / 12장 |

# 요한복음의 구조

| 본론 2: 영광의 책(13:1-20:31) | | | | | | | | 결론/후기 | |
|---|---|---|---|---|---|---|---|---|---|
| 다락방 강화 (13-17장) | | | | | 수난과 죽음 (18-19장) | | 부활 (20장) | 부활의 주 (21장) | |
| 제자들의 발을 씻으심 | 예수님의 떠나심 | 포도나무와 가지 비유 | 보혜사에 대한 약속 | 예수님의 대제사장 기도 | 고난 받으신 예수님 | 십자가에 못 박히신 예수님 | 부활하신 예수님 | 디베랴에 나타나심 | 네가 나를 사랑하느냐 |
| 13장 | 14장 | 15장 | 16장 | 17장 | 18장 | 19장 | 20장 | 21장 | 21장 |

# 요한복음 (상)

## 서론

## 예수 그리스도의 성육신
### (1:1-18)

PART

# 01

## 말씀이 육신이 되어
## 1장1~18절

**Key Point**

이번 과는 전체 요한복음의 서론으로 예수 그리스도의 '선재'와 만물의 '창조주' 되심과
이 땅에 오신 '이유'와 '성육신'에 관하여 증거합니다. 예수 그리스도는 하나님과의 관계
에 있어 하나님이 되시며, 만물과의 관계에 있어 창조주가 되시며, 세상과 관계에서 구주
가 되시며 믿음의 공동체 가운데 임마누엘이 되십니다.

## 본문 이해

　요한복음은 요한의 글인 '요한복음, 요한 1,2,3서, 요한계시록'의 5권의 책 가운데 첫 번째 성경입니다. 예수 그리스도의 행적을 많이 기록한 공관복음과 달리 요한복음은 예수 그리스도의 긴 말씀을 많이 전합니다. 공관복음이 예수 그리스도의 행적과 역사성에 관하여 전한다면 요한복음은 보다 영적이며 신앙의 그리스도에 관하여 전합니다. 이는 예수 그리스도의 보다 깊은 본질에 관하여 전한다고 말할 수 있는 것입니다. 요한복음은 매우 단순하면서도 깊이 있는 신학과 영성을 가지고 있습니다.

　요한복음의 서론이 되는 1장1-18절은 요한복음에 있어서 가장 신비로운 말씀이 됩니다. 이는 전체를 풀 수 있는 열쇠가 되기도 하며 전체 말씀을 품고 있는 말씀이기도 합니다. 서문에서 밝힌 바와 같이 요한복음은 서문(1:1-18)과 후기(21장)가 있으며 크게 두 부분으로 '표적의 책'(1:19-12:50)과 '영광의 책'(13:1-20:31)으로 나뉩니다. 서문은 이러한 요한복음 전체의 단순한 한 부분이 아닌 요한복음 전체의 구조와 메시지를 품고 있는 것입니다.

　1장1-18절의 서문의 말씀은 크게 네 가지 메시지를 보여줍니다. 첫째, 말씀과 하나님과의 관계를 통해서 예수 그리스도의 신성에 관한 메시지입니다(1-2절). 둘째, 말씀과 만물과의 관계를 통해서 예수 그리스도의 만물의 창조에 관한 메시지입니다(3-5절). 그분은 창조주가 되십니다. 만물은 그로 말미암아 지은 바 되었으며 지은 것이 하나도 그가 없이는 된 것이 없습니다. 셋째, 말씀에 대한 세상의 반응입니다(6-13절). 그는 세상의 빛이며 생명이시나 세상은 그를 알지 못하였고, 또한 영접하지 않았습니다. 그러나 여기에서 끝나지 않습니다. 영접하는 자 곧 그 이름을 믿는 자들에게는 하나님의 자녀가 되는 권세를 주십니다. 넷째, 말씀에 대한 공동체의 고백입니다(14-18절). 예수 그리스도는 하나님이시며, 만물의 창조주이시며, 구주가 되시며, 성육을 통하여 우리와 함께 하시는 임마누엘의 하나님이 되십니다.

| 4가지 메시지 | |
|---|---|
| 1. 말씀과 하나님과의 관계 (1-2절) | 예수 그리스도는 하나님이심 : 신성 선재 |
| 2. 말씀과 만물과의 관계 (3-5절) | 예수 그리스도는 창조주가 되심 |
| 3. 말씀과 세상과의 관계 (6-13절) | 예수 그리스도는 구주가 되심 |
| 4. 말씀에 대한 공동체의 고백 (14-18절) | 예수 그리스도의 임마누엘이 되심: 성육신 |

■ 요한복음 1장의 구조적 이해

요 1:1-2: 말씀과 하나님의 관계

요 1:3-5: 말씀과 만물과의 관계

요 1:6-8: 세례 요한에 대한 소개

## 1. 말씀이신 그리스도와 하나님과의 관계를 살펴봅시다(1-2절).

"태초에 말씀이 계시니라 이 말씀이 하나님과 함께 계셨으니 이 말씀은 곧 하나님이시니라 그 태초에 하나님과 함께 계셨고"(1-2절)

먼저 확인하고 정리해야 할 것은 요한의 글은 그리스도를 '말씀'으로 정의하고 있다는 사실입니다(요일 1:1, 계 19:13). 그리스도를 말씀으로 정의할 때에 여러 가지 의미를 가집니다. 첫째, 말씀은 선포되는 말씀만을 의미하지 않습니다. 들음이 단순히 들음이 아닌 순종을 전제하는 것과 마찬가지로 말씀은 그분의 '사역'과 '일'을 나타냅니다. 말씀 자체에 '능력'과 '역사'가 있습니다. 둘째, 말씀은 인격으로 나타납니다. 태초에 계신 말씀은 정관사를 가진 한 인격입니다. 셋째, 말씀은 대리자가 됩니다. 아람어로 말씀은 '메므라'라고 하는데 이는 '하나님의 대리자'라는 뜻입니다[3]. 그러나 가장 중요하게 여겨야 할 바는 요한의 글에서 하나님의 신성의 완전한 계시가 '말씀'이신 그리스도 안에서 나타나는 것입니다.

| 말씀의 4가지 의미 |
| --- |
| 1. 사역과 일 |
| 2. 한 인격 |
| 3. 하나님의 대리자 |
| 4. 신성의 완전한 계시 |

태초에 말씀이 계셨습니다. 이 '태초'(아르케)는 시간의 시작을 의미하는 창세기 1장1절의 '태초'(베레쉬트)를 초월한 영원의 시작을 의미합니다. 태초는 예수 그리스도의 선재하심을 나타냅니다. 이 말씀은 하나님과 함께 계셨는데 이는 정적인 공존이 아닌 동적인 공존으로 상호의 깊이 있는 교제를 의미하며 그분의 계심은 미완료형으로 계속성을 가르칩니다. 이 말씀이 곧 하나님이심은 말씀이신 그리스도의 신성과 완전한 하나님의 계시를 가리킵니다. 2절은 1절에 대한 반복과 강조의 구절입니다.

2. 말씀이신 그리스도와 만물의 관계를 살펴봅시다(3-5절).

---

3)  박수암, 『요한복음』, 45-47쪽.

1-2절은 말씀과 하나님과의 관계이며, 3-5절은 말씀과 만물의 관계입니다. 3절의 한 구절 안에 같은 말의 두 번을 사용하며 강조합니다. 반복은 강조 외에도 그 의미를 더욱 자세히 전하며 구체적으로 드러냅니다.

"만물이 그로 말미암아 지은 바 되었으니
지은 것이 하나도 그가 없이는 된 것이 없느니라"(3절)

"그 안에 생명이 있었으니 이 생명은 사람들의 빛이라 빛이 어두움에 비치되 어둠이 깨닫지 못하더라"(4-5절)

3절은 만물의 기원에 관하여 말씀하시며 하나님의 신성이 창조로 나타냄을 가리킨다면 4절은 새로운 개념으로 '생명'에 관하여 전합니다. 말씀이신 그리스도는 또한 '생명'으로 나타나 하나님의 신성의 본질과 더불어 그 사역을 나타냅니다. 이는 일반적인 생명을 초월한 영원한 생명입니다.

말씀에서 생명으로, 이제 생명에서 빛에 관하여 말씀하십니다. 이는 말씀의 신성이 만물과의 관계에서 생명이 되심으로 증언된다면, 말씀의 신성이 이제 사람들과의 관계에 있어서 빛으로 증언됩니다. 이러한 의미에서 생명과 빛은 같은 의미를 가집니다. 주님이 빛이실 때에 주님과 함께 하지 않는 자가 바로 어두움이 됩니다. 주님께서 생명이 되실 때에 사망은 주님과 함께 하지 않을 때입니다. 하나님의 신성인(1-2절) 말씀이 창조하시고, 말씀이 사람들에게 생명으로, 빛으로 함께 하셨으나 타락한 세상은 이를 받아들이지 않은 것입니다(5절).


## 3. 세례 요한에 대하여 살펴봅시다(6-8절).

말씀과 하나님과의 관계, 말씀과 만물과 사람들과의 관계에 대한 말씀에 이어 세례 요한에 관하여 전합니다. 그는 하나님께로부터 보내심을 받은 사람이며 이름은 요한입니다. 그는 증언하려 왔습니다. 곧 빛에 대하여 증언하고 모든 사람이 자기로 말미암아 믿게 하기 위함입니다. 8절의 말씀은 이를 더욱 구체적이며 명확하게 합니다.


"그는 이 빛이 아니요 이 빛에 대하여 증언하러 온 자라"(8절)


## 4. 참 빛에 대한 세상의 반응을 살펴봅시다(9-13절).

앞서 세상에 관하여 간접적으로 알게 하였습니다. 세상은 '어둠'입니다(5절). 세상은 어둠이 아니었습니다. 그러나 죄된 세상은 어둠이 되었습니다. 말씀이신 그리스도는 세상에 계셨으며 세상은 그로 말미암아 지은 바 되었습니다. 이는 3절의 반복입니다. 그러나 세상이 그를 알지 못하였습니다. 세상을 깨닫지 못하고(5절), 알지 못하였습니다(10절).

세상이 그를 알지 못함으로 그가 자기 땅에 오매 자기 백성이 영접하지 아니하였습니다. 그러나 영접하는 자 곧 그 이름을 믿는 자들에게는 하나님의 자녀가 되는 권세를 주셨습니다. 이는 요한복음의 목적이기도 합니다. 그 이름을 믿는다는 것은 곧 주를 영접하는 것입니다. 13절은 12절에 대하여 설명해줍니다. 하나님의 자녀가 되는 것은 혈통으로나 육정으로나 사람의 뜻으로 나지 아니하고 오직 하나님께로부터 난 자들입니다.

"영접하는 자 곧 그 이름을 믿는 자들에게는 하나님의 자녀가 되는 권세를 주셨으니 이는 혈통으로나 육정으로나 사람의 뜻으로 나지 아니하고 오직 하나님께로부터 난 자들이니라"(12-13절)

## 5. 말씀이 육신이 되심을 살펴봅시다(14절).

1절에서 빈번하게 말씀하셨던 '말씀'이 다시 언급되어 말씀의 성육신에 관하여 전합니다. 더불어 '우리'라는 공동체적인 신앙고백이 있게 됩니다.

"태초에 말씀이 계시니라 이 말씀이 하나님과 함께 계셨으니 이 말씀은 곧 하나님이시니라"(1절)

"말씀이 육신이 되어 우리 가운데 거하시매 우리가 그의 영광을 보니 아버지의 독생자의 영광이요 은혜와 진리가 충만하더라"(14절)

사람마다 정도의 차이는 있지만 아무리 깨끗한 곳이라고 할지라도 만족하지 못하는 사람들이 있습니다. 만일 그렇다면 하나님과 함께 하셔야 할 말씀이 육신이 되어 우리 가운데 거하신다는 것은 어떠합니까? 요한복음에는 직접 나오지 않지만 하나님 품에 계셨던 주님께서 구유에 누우심은 어떠합니까? 아버지 품 속에 있는 독생하신 하나님이 우리 가운데 거하심은 어떠합니까?

말씀의 선재, 말씀의 신성, 말씀의 창조에 이어 말씀의 성육신에 대한 교훈입니다. 만물(3절), 사람들(4절), 세상(9-10절), 백성(11절)에 관한 말씀은 '하나님의 자녀'(12절)에 이어 '우리'(14절)라는 공동체로 이어집니다. 말씀이 육신이 되셨을 때에 그분은 '우리' 가운데 '천막을 치셨습니다'. 선재하시며, 만물을 창조하신 하나님의 신성이 육신을 입어 우리 가운데 거하실 때에 그분의 '영광'은 곧 그분의 '임재'를 나타내며 그 영광은 눈으로 볼 수 있는 '아버지의 독생자의 영광'이시며 은혜와 진리가 충만하였습니다.

6. 말씀이신 그리스도에 관한 공동체의 고백에 관하여 살펴봅시다(15-18절).

말씀에 대한 공동체의 고백은 직접적인 세례 요한의 증언을 먼저 말합니다. 앞서 7절에서 요한의 증언함에 관하여 소개하였습니다. 이제 구체적으로 요한의 증언을 전합니다. 첫 번째 메시지는 먼저 그리스도의 '선재'에 관하여 말씀하십니다. 이는 다른 복음서에는 없었던 바이며 요한복음을 통한 특별한 증언입니다. 앞선 1-2절에서 선재를 말씀하셨으며 요한의 첫 번째 메시지를 통해서 예수 그리스도의 선재에 관하여 말씀하십니다.

"요한이 그에 대하여 증언하여 외쳐 이르되 내가 전에 말하기를 내 뒤에 오시는 이가 나보다 앞선 것이 이 사람을 가리킴이라 하니라"(15절)

그리스도의 선재하심에 이은 두 번째 고백은 '은혜'입니다. 이 은혜는 '은혜 위의 은혜'입니다. 이전의 은혜는 율법으로 말미암은 부족함이 있는 은혜입니다. 그 은혜 자체가 부족함이 아니라 우리를 온전케 할 수 없는 은혜였습니다. 그러나 새로운 은혜는 충만한 은혜이며 온전한 은혜입니다. 이전의 은혜인 율법은 모세로 말미암아 주어진 것이라면 새로운 은혜, 완전한 은혜, 충만한 은혜인 '은혜와 진리'는 예수 그리스도로 말미암아 온 것입니다. 예수 그리스도로 말미암은 은혜는 새로운 시대를 선포합니다.

첫 번째 메시지가 1-2절의 예수 그리스도의 선재를 반복한다면 두 번째 메시지는 깨닫지 못하고(5절), 알지 못하고(10절), 영접하지 않은(11절) 세상에 은혜를 선포하는 것입니다(12-13절).

"우리가 다 그의 충만한 데서 받으니 은혜 위의 은혜러라 율법은 모세로 말미암아 주어진 것이요 은혜와 진리는 예수 그리스도로 말미암

아 온 것이라"(16-17절)

　공동체의 세 번째 고백은 성육신에 관한 고백입니다. 18절은 14절의 말씀에 이어 성육신에 관한 말씀으로 1-18절의 말씀을 결론짓습니다. 본래 하나님을 본 사람은 없습니다. 그러나 이제 성육신으로 말미암아 아버지 품 속에 있는 독생하신 하나님이 나타나셨습니다.

　"본래 하나님을 본 사람이 없으되 아버지의 품 속에 있는 독생하신 하나님이 나타내셨느니라"(18절)

## 묵상

01    예수 그리스도의 신성에 관하여 나누어봅시다.


02    예수 그리스도 안에 나타난 은혜에 관하여 나누어 봅시다.


03    예수 그리스도의 성육신의 의미에 관하여 나누어 봅시다.


## 되새김

예수 그리스도에 관한 세 가지를 교훈하십니다. 첫째, 그분은 누구이신가 하는 것입니다. 그는 하나님이십니다. 둘째, 그분은 무엇을 위하여 오셨는가 하는 것입니다. 그를 믿는 자들에게는 하나님의 자녀가 되는 권세를 주십니다. 셋째, 그는 무엇을 하셨는가 하는 것입니다. 예수 그리스도의 성육신으로 독생하신 하나님이 나타나셨습니다.

# 요한복음 (상)

## 본론 1: 표적의 책(1:19-12장)

**제2부**

## 그리스도의 초기 사역

### (1:19-4장)

PART

# 02

## 세례 요한의 증언 1
## 1장19~28절

**Key Point**

세례 요한에 대한 소개(요 1:7-8), 사역(요 1:15)에 이어 세례 요한의 증언에 관하여 이번 과는 전합니다. '네가 누구냐', '어찌하여 세례를 베푸느냐'는 질문은 세례 요한의 정체성과 그의 사역의 권위에 대하여 질문합니다. 곧 세례 요한의 답변은 그의 정체성과 그의 사역의 권위가 무엇인지에 관하여 알게 합니다.

## 본문 이해

요한복음은 서론과 결론을 제외하면 크게 두 부분으로 '표적의 책'(1:19-12:50)과 '영광의 책'(13:1-20:31)로 나누어집니다. 표적의 책에서는 7가지 표적의 말씀을 통해서 세상에 자신을 나타내신 예수님의 공생애 사역을 전하며, 영광의 책을 통해서는 하나님께로 돌아가는 승귀를 앞두고 제자들에게 주시는 마지막 말씀과 십자가 고난과 죽음, 부활에 관하여 전합니다. 요한복음 상권은 '표적의 책'에 관하여 전하며 요한복음 하권은 '영광의 책'에 관하여 전합니다.

> 서론: 1장1절-18절
> 본론: 1장19절-20장
>   표적의 책 1장19절-12장
>   영광의 책 13-20장
> 결론: 21장

서문의 말씀에 이어 1장19절-12장은 본론의 첫 번째로 '표적의 책'입니다. 표적의 책은 다시 세 부분으로 나뉩니다. 먼저 1장19절-4장은 예수 그리스도의 초기 사역에 관하여 전합니다. 이는 공관복음에서 빠진 부분으로 누가복음이 예수 그리스도의 후기 사역을 보충한다면 요한복음은 예수 그리스도의 초기 사역에 관하여 전합니다. 요한복음 1-4장의 예수님의 초기 사역은 '세례 요한과 제자들의 증언'(1장)-'가나 혼인 잔치와 성전 정화 사건'(2장)-'예수님과 니고데모'(3장)-'사마리아 여인과 왕의 신하의 아들'(4장)로 구성됩니다. 이 초기 사역의 특징은 시간적인 연결을 통해서 예수 그리스도의 초기 사역이 끊이지 않고 묶여 있습니다.

두 번째 부분은 5장-10장까지로 예수 그리스도의 초기 사역이 시간적으로 연결되어 있다면 두 번째 부분은 시간적으로는 모호하나 대신 명절을 통해서 예수 그리스도에 관하여 밝힙니다. 구체적으로 5장의 38년 된 병자의 치유와 안식일 논쟁, 6장의 오병이어와 유월절, 7-8장의 초막절 강화, 9장의 날 때부터 맹인 된 자의 치유, 10장의 선한 목자와 수전절로 구성됩니다. 모든 명절은 바로 예수 그리스도를 계시하며 참된 명절은 예수 그리스도로 말미암아 온전하게 됩니다.

표적의 책의 세 번째 부분은 11-12장으로 이곳에서는 반복되는 단어를 발견합니다. 곧 '영광'입니다. 예수 그리스도께서 영광을 향하고 계심을 보이십니다. 명절과 관련된 강화가 끝이 나고 아버지께로 가시는 준비를 하시는 말씀으로 11장에서는 죽은 나사로를 살리시고, 12장에서는 향유를 부은 마리아 이야기를 전합니다.

표적의 책을 지나 영광의 책은 13-20장으로 이 또한 세 부분으로 나뉩니다. 표적의 책에 비해 영광의 책은 비교적 분명하게 구분됩니다. 13-17장은 다락방 강화의 말씀으로, 영광을 받으시기 위하여 떠나시기 전에 제자들에게 주신 말씀이며, 18-19장은 예수 그리스도의 수난과 죽으심에 관하여, 마지막 20장은 예수 그리스도의 부활에 관하여 전합니다.

마지막 요한복음 21장은 마지막 결론 혹은 후기의 말씀이 됩니다.

이제 본문으로 돌아옵니다. 서문에서 말씀이신 예수 그리스도께서 누구이신가에 관하여 밝힐 때에도 두 번이나 세례 요한에 관하여 언급되었습니다(1:6-8, 15). 서문의 말씀에 이어 본격적인 이야기 또한 세례 요한과 관련됩니다. 보다 직접적으로 예수님에 관하여 전하기 전에 세례 요한의 구체적인 자기 부인의 모습을 보게 됩니다. 그는 공식적으로 파송된 사람들 앞에서 공식적으로 자기 부인의 모습을 보여주었습니다.

"이 일은 요한이 세례를 베풀던 곳 요단 강 건너편 베다니에서 일어난 일이니라"(28절)

요한복음 이야기의 시작은 베다니에서 세례 요한의 사역으로부터 시작합니다. 베다니는 예수님께서 세례를 받으신 곳이나 요한복음의 시작은 예수님께서 세례를 받으신 그 때로부터가 아닙니다. 요한복음은 예수님께서 세례를 받으심에 관한 말씀을 생략합니다. 예수님께서는 이곳 베다니에서 세례를 받으시고 바로 유대 광야에서 40일 동안 금식

하셨고 다시 베다니에 이르신 것입니다.

세례 요한의 사역의 놀라움은 한 번의 이적도 없이 다만 말씀으로만 그의 놀라운 사역을 행하여 수많은 사람들을 회개케 하였다는 것입니다. 이는 오늘날 일어나는 이적에 대한 정죄가 되어서는 안 될 것입니다. 다만 오늘날 말씀의 사역에 대한 가치를 새롭게 하여야 할 것입니다. 말씀 자체에 능력과 역사가 있는 것입니다.

## 1. 유대인들이 예루살렘에서 제사장들과 레위인들을 요한에게 보냄을 살펴봅시다(19절).

세례 요한의 사역의 영향력이 어떠했음은 유대인들이 예루살렘에서 보낸 제사장들과 레위인들로 알 수 있습니다. 세례 요한의 사역은 예루살렘 종교 지도자들이 절대로 간과할 수 없는 영향력을 가지게 되었으며 이 일의 중대성으로 말미암아 예루살렘의 바리새인들(24절), 즉 종교 지도자들은 세례 요한이 행한 세례의 정결 예식에 가장 전문적인 제사장들과 레위인들을 보내게 됩니다.

## 2. 제사장들과 레위인들의 질문과 요한의 답변을 살펴봅시다(19-24절).

제사장들과 레위인들을 요한에게 첫 번째 질문을 하였습니다. '네가 누구냐'(19절) 요한복음은 처음부터 세례 요한의 정체를 분명히 전하였습니다. '그는 이 빛이 아니요 이 빛에 대하여 증언하러 온 자라'(요 1:8) 그는 빛이 아니였습니다. 이러한 성경의 증언에 이어 직접적으로 세례 요한은 그 또한 '나는 그리스도가 아니라' 하였습니다(20절). 세례 요한은 숨기지 않고 드러내어 말하였습니다. 그는 먼저 자기부정이 있었습니다. 그는 빛이 아니었습니다. 그는 빛에 대하여 증언하러 온 자입니다.

그들은 두 번째로 물었습니다. '그러면 누구냐 네가 엘리야냐' 세례 요한은 이 땅에 엘리야로 왔습니다. 그러나 엘리야냐는 물음에 역시 '나는 아니라' 하였습니다. 이는 세례 요한이 엘리야로 온 것이 아니기 때문이 아닙니다. 그들이 잘못된 엘리야관을 가지고 있었기 때문입니다. 그들은 엘리야가 죽지 않고 승천하였기에 엘리야가 육체적으로 돌아올 것을 믿는 자들이 있었기 때문입니다. 그러므로 세례 요한은 엘리야로 왔지만 자신이 엘리야임을 부정하였습니다.

그들은 세 번째로 '네가 그 선지자냐'라 물었습니다. 이미 세례 요한은 자신이 그리스도가 아니라고 하였으나 그들은 다시 한번 '그 선지자'(신 18:15, 행 3:22, 7:37)인지 물었습니다. 세례 요한은 다시 '아니라'고 하였습니다.

이에 그들은 네 번째 질문으로 '누구냐 우리를 보낸 이들에게 대답하게 하라 너는 네게 대하여 무엇이라 하느냐' 하였습니다(22절). 이에 세례 요한은 '나는 선지자 이사야의 말과 같이 주의 길을 곧게 하라고 광야에서 외치는 자의 소리로라' 하였습니다(23절). 그는 빛이 아닌 소리였습니다. 그는 빛이 아니라 빛에 대하여 증언하러 온 자이기 때문입니다(요 1:8).

## 3. 제사장들과 레위인들의 새로운 질문을 살펴봅시다(25-27절).

앞선 제사장들과 레위인들의 질문은 '네가 누구냐'는 질문이었습니다. 이제 새로운 질문은 '어찌하여 세례를 베푸느냐'는 것입니다. 이미 세례 요한은 자신이 그리스도도, 엘리야도, 그 선지자도 아니라고 하였음에도 불구하고 세례를 베푸는 이유는 무엇인지 묻는 것입니다. 이는 구체적으로 세례 요한이 세례를 행하는 권위가 무엇이냐는 것입니다. 세례 요한의 권위는 그 자신에게 있지 않았습니다. 그의 뒤에 오시는 이에게 참된 권위가 있었습니다. 그러므로 그는 자신의 권위가 아닌 자신보다 뒤에 오시나 앞서신 이(15절)에 관하여 소개합니다.

"나는 물로 세례를 베풀거니와 너희 가운데 너희가 알지 못하는 한 사람이 섰으니 곧 내 뒤에 오시는 그이라 나는 그의 신발끈을 풀기도 감당하지 못하겠노라"(26-27절)

신발끈을 풀고 묶는 일은 종이 하는 일입니다. 그는 철저하게 자기부정의 사역을 행하였으며, 자기를 낮추었으며, 그리스도를 나타내는 사역을 행하였습니다.

4. 제사장들과 레위인들의 질문과 세례 요한의 답변이 있었던 곳은 어디입니까?(28절)

제사장들과 레위인들이 질문과 세례 요한의 답변이 있었던 곳은 요한이 세례를 베풀던 곳인 '요단 강 건너편 베다니'입니다. 이는 마르다와 마리아, 나사로가 살았던 베다니와 다른 곳입니다(요 11:1).

## 묵상

01  세례 요한의 영향력에 관하여 나누어 봅시다.

02  세례 요한의 자기부정, 낮춤, 증언에 관하여 나누어 봅시다.

03  세례 요한의 사역이 내게 주는 교훈에 관하여 나누어 봅시다.

## 되새김

세례 요한은 제사장들과 레위인들의 '네가 누구냐'는 질문에 한 마디로 '아니라'
고 대답하였습니다. 이는 그의 자기부정입니다. 또한 세례 요한은 그들의 '어찌
하여 세례를 베푸느냐'는 질문에도 자신의 권위가 아닌 그리스도를 전하였습니
다. 이는 높은 위치에 있는 자, 많은 영향력을 가진 자들이 갖는 '위험'과 그들이
가져야 할 '믿음의 자세'에 관하여 알게 하십니다.

PART

# 03

## 세례 요한의 증언 2
## 1장29~34절

**Key Point**

세례 요한에 대한 소개(요 1:7-8), 사역(요 1:15), 유대의 종교 지도자들과의 대화를 통해서 세례 요한의 정체성과 그의 사역의 권위에 관한 말씀에 이어 이번 과에서 세례 요한은 구체적으로 예수 그리스도를 소개합니다.

# 본문 이해

세례 요한의 이야기는 이번 과에서도 계속됩니다. 그러나 세례 요한은 자신의 이야기가 아닌 예수 그리스도에 관하여 소개합니다.

1장에는 예수 그리스도에 관한 소개가 가득합니다. 그는 하나님이 되시며(1-2절), 만물의 창조주이시며(3, 10절), 세상의 생명과 빛이시며(4, 9절), 구주가 되시며(12절), 말씀이 육신이 되셨으며(14절), 세례 요한보다 먼저 계시며, 앞서십니다(15절). 그러나 이제 이전과 성격이 전혀 다른 그분의 정체성에 관하여 알게 하십니다. 그는 '세상 죄를 지고 가는 하나님의 어린 양'이십니다(29절). 이는 처음으로 예수 그리스도께서 이 땅에 오신 참된 목적에 관하여 알게 하신 것입니다. 선재와 성육신에 이어 그의 고난과 죽음에 관하여 밝히신 것입니다. 그러나 세례 요한이 소개하는 예수 그리스도는 여기에 머물지 않습니다. 그는 성령으로 세례를 베푸시는 이시며, 하나님의 아들이십니다.

서문의 말씀에 이어 본론이 시작되는 세례 요한의 증언으로부터 가나 혼인 잔치까지의 이야기는 보다 직접적으로 시간적으로 연결됩니다. 세례 요한의 증언이 첫째 날이라면(요 1:19-28) 둘째 날에 세례 요한은 예수님을 소개하며(29절: 이튿날), 셋째 날에 요한의 두 제자가 예수님을 따르고(35절: 또 이튿날), 넷째 날에 안드레의 인도로 베드로가 예수님을 만나며(요 1:40-42), 다섯째 날에 빌립과 나다나엘이 예수님을 만나며(43절: 이튿날), 이로부터 사흘 뒤가 되는 일곱째 날에 가나 혼인 잔치에서 물로 포도주를 만드시는 이적을 베푸십니다(사흘째 되던 날: 요 2:1). 세례 요한의 증언은 마치 링 위에서 선수를 소개하는 것과 같습니다. 더불어 예수님의 마지막 일곱째 날의 사역은 창조의 7일을 연상케 하며, 예수님의 사역이 어떠한 사역인지를 선포하심이 됩니다.

## 1. 세례 요한이 예수님을 소개함을 살펴봅시다(29절).

"이튿날 요한이 예수께서 자기에게 나아오심을 보고 이르되 보라 세상 죄를 지고 가는 하나님의 어린 양이로다"(29절)

예루살렘에서 온 제사장들과 레위인들의 질문과 답변이 있었던 다음 날 요한은 예수님께서 자기에 나아오심을 보고 '보라 세상 죄를 지고 가는 하나님의 어린 양이로다'(29절)라 하였습니다. 이전에는 자신에 대하여 증언하였으나 이제는 예수님을 향한 증언을 하였습니다. 이전에는 간접적으로 증언하였으나 이제는 직접적으로 증언하였습니다. 바로 주님을 가리키며 보라 세상 죄를 지고 가는 하나님의 어린 양이로다라 하였습니다. 그는 선지자 중에 가장 영광스러운 선지자였습니다. 그 어떠한 선지자도 이처럼 직접 예수님을 가리키지는 못했던 것입니다. 세례 요한은 이 직접적인 소개를 통해 예수님의 사역의 목적이 무엇인지를 알게 하십니다. 예수님께서는 구원자가 되실 뿐만 아니라 구원자가 되시기 위하여 자신을 십자가에 드려 죽으셔야 했던 것입니다. 그는 이스라엘을 구원하시기 위하여 세상 죄를 지는 하나님의 어린 양이 되셔야 했습니다. 결국 구약의 모든 제사는 예수 그리스도를 향한 것이었습니다. 예수님에 관한 소개는 그가 구원자이시며 그가 이를 위한 제물이 되심을 선포합니다.

### 2. 예수님의 선재하심에 대한 세례 요한의 증언을 살펴봅시다(30절).

예수 그리스도의 선재는 요한복음의 매우 중요한 가르침입니다. 태초에 계신 말씀은 그리스도의 선재를 가르치며 이는 요한복음의 첫 번째 메시지입니다. 이미 15절에서 요한은 그의 증언을 통해서 예수 그리스도의 선재를 밝혔으며 30절은 이를 다시 반복합니다.

"내가 전에 말하기를 내 뒤에 오는 사람이 있는데 나보다 앞선 것은 그가 나보다 먼저 계심이라 한 것이 이 사람을 가리킴이라"(30절)

### 3. 세례 요한의 물의 세례의 의미는 무엇입니까?(31절).

세례 요한은 예수님을 알지 못하였습니다. 그러나 그가 와서 물로 세례를 베푸는 것은 예수 그리스도를 이스라엘에 나타내려 함이었습니다. 그는 자신의 사명을 알았습니다. 주를 이스라엘에게 나타내는 것이었습니다. 그러나 그는 예수님이 누구이신지 알지 못하였습니다.

### 4. 알지 못하였던 예수 그리스도를 세례 요한이 알게 됨을 살펴봅시다(32-34절).

31절과 33절에서 세례 요한은 반복적으로 '나도 그를 알지 못하였으나'라고 증언합니다. 세례 요한 또한 처음부터 모든 것을 알고 자신의 사역을 행한 것이 아니었습니다. 알지 못하였으나 그는 순종하였습니다. 그는 자신의 사역인 물의 세례를 베풀었습니다. 이는 하나님의 말씀에 대한 순종이었습니다. 하나님께서는 세례 요한에게도 먼저 순종을 요구하신 것입니다. 33절에 세례 요한은 자신이 물로 세례를 베풂이 하나님의 명령이었음을 밝힙니다. 하나님께서는 순종하는 세례 요한에게 '성령이 내려서 누구 위에든지 머무는 것을 보거든 그가 곧 성령으로 세례를 베푸는 이인 줄 알라'(33절) 하셨습니다. 그리고 마침내 요한은 그가 세례를 베풀 때에 성령이 비둘기 같이 하늘로부터 내려와서 그의 위에 머무는 것을 보았습니다(34절).

## 5. 세례 요한은 예수 그리스도를 무엇이라 소개하였습니까?(29-34절)

세례 요한은 처음에는 예수 그리스도를 '보라 세상 죄를 지고 가는 하나님의 어린 양이로다'라고 소개하였습니다(29절). 이는 예수 그리스도의 대속의 사역을 교훈합니다. 둘째, 성령으로 세례를 베푸는 이라 하였습니다(33절). 이는 대속의 사역을 행하실 뿐만 아니라 성령을 선물로 주시는 이 이심을 알게 하십니다. 셋째, '하나님의 아들'이라 증언하였습니다(34절). 이는 하나님께서는 믿는 자들을 구속하실 뿐만 아니라 성령을 주시고, 더 나아가 하나님의 아들을 믿는 자에게 영생을 주심을 알게 하시는 것입니다.

# 묵상

01 세례 요한은 어떻게 자신과 예수님을 비교하였습니까?

02 세례 요한의 고백에 관하여 나누어 봅시다.

03 세례 요한이 예수님을 세 가지로 증언함을 나누어 봅시다.

# 되새김

세례 요한의 자기 증언에 이어 이번 과는 예수 그리스도께서 누구이신가를 알게 하십니다. 첫째 그는 구원주이십니다. 곧 그는 세상 죄를 지고 가는 '하나님의 어린 양'이십니다(대속). 둘째, '성령으로 세례를 베푸시는 이'이십니다(성령의 선물). 셋째, '하나님의 아들'이십니다(영생).

PART

# 04

## 첫 번째 제자들
## 1장35~51절

## Key Point

이전 과에서 세례 요한은 예수 그리스도께서 누구이신가를 구체적으로 증언하였습니다. 이번 과에서 세례 요한은 자신의 제자들이 예수님을 따르게 하였으며, 안드레는 베드로에게, 빌립은 나다나엘에게 복음을 전하였습니다. 참된 복음은 누군가에게 전하고 나누는 것입니다.

서문을 통해서 세례 요한은 빛이 아님을 밝혔습니다. 유대인들이 예루살렘에서 제사장들과 레위인들을 보냈을 때에 세례 요한은 자기 부인을 통해 자신은 '광야에서 외치는 자의 소리'라고 증거하였으며 이튿날에는 예수 그리스도를 소개하였습니다. 이제 다시 이튿날에는 자기 제자 중의 두 사람을 예수님을 따르게 하였습니다. 두 제자는 그 날에 예수님과 함께 거하고 두 사람 중의 한 사람인 안드레는 자신의 형제 베드로를 데리고 옵니다. 다시 이튿날에는 예수님께서 빌립을 부르시고 빌립은 나다나엘에게 예수님을 소개합니다. 이번 과는 예수님의 첫 번째 제자들인 안드레와 요한, 베드로, 빌립과 나다나엘에 관하여 전합니다.

## 1. 요한의 두 제자와 예수님과의 만남을 살펴봅시다(35-39절).

예수님의 열두 제자 중에 가장 먼저 예수님의 제자들이 된 사람들은 세례 요한의 제자들이었습니다. 세례 요한이 자기 제자 중 두 사람과 함께 섰다가 예수님께서 거니심을 보고 '보라 하나님의 어린 양이로다' 하며 예수님을 소개하였습니다. 이미 앞서 세례 요한은 자신은 '그리스도가 아니라' 하였습니다. 이는 자기부정이었습니다. 세례 요한의 자기부정은 자기 정체성에 대해서뿐만 아니라 자기의 제자들까지도 예수님께 향하게 합니다. 자신을 따르던 제자들을 이제는 자신이 아닌 예수님을 따르게 합니다. 이에 두 제자가 세례 요한의 말을 듣고 예수님을 따를 때에 예수님께서 돌이켜 그 따르는 것을 보시고 '무엇을 구하느냐'라고 물었습니다. 이에 두 제자는 '랍비여 어디 계시오니이까'라고 대답하였습니다. 그들이 구한 것은 어떠한 지식이 아닌 삶이며 인격인 것입니다. 그들은 단순한 지식을 구하는 것이 아니라 예수님께 삶을 드리고 그 삶을 나누기를 원하였던 것입니다. 이에 예수님께서는 그들에게 '와서 보라' 하시므로 그들이 가서 계신 데를 보고 그날 함께 거하였습니다. 이때가 열 시쯤 되었습니다.

## 2. 시몬 베드로와 예수님의 만남을 살펴봅시다(40-42절).

세례 요한의 말을 듣고 예수님을 따르는 두 사람 중의 하나는 시몬 베드로의 형제 안드레였습니다. 이름을 밝히지 않은 세례 요한의 또 다른 제자는 요한복음에서 그 자신의 이름을 밝히지 않는 요한복음의 저자인 세베대의 아들 요한으로 여겨집니다. 안드레는 먼저 자기의 형제 시몬을 찾아 말하기를 '우리가 메시야를 만났다' 하였습니다. 그리고 데리고 예수님께 오니 예수님께서 보시고 '네가 요한의 아들 시몬이니 장차 게바라 하리라' 하셨습니다. 게바는 베드로이며, 반석이라는 뜻입니다.

## 3. 빌립이 예수님을 만남을 살펴봅시다(43-44절).

세례 요한의 두 제자들이 예수님을 만남은 세례 요한의 소개로 말미암은 것이며, 안드레가 자신의 형제 베드로를 인도하였다면 이번에는 예수님께 직접 부르심을 받은 한 사람이 소개됩니다. 이튿날 예수님께서 갈릴리로 나가려 하시다가 빌립을 만나 '나를 따르라' 말씀하십니다. 빌립은 안드레와 베드로와 한 동네 벳새다 사람입니다.

## 4. 나다나엘이 예수님을 만남을 살펴봅시다(45-51절).

빌립은 안드레의 경우와 마찬가지로 주를 만났을 때에 즉각적인 전도자가 되었습니다. 그는 안드레와 같이 형제가 없었는지 아무튼 나다나엘에게 찾아가 전도자가 되었습니다. 우리들에게도 여전히 찾아갈 사람이 있다는 것을 기억하여야 할 것입니다. 찾아갈 사람이 있는 사람은 행복한 사람입니다. 가장 귀한 사람과 가장 귀한 것을 나누어야 할 것입니다.

그는 나다나엘을 만나 이렇게 이야기하였습니다.

"모세가 율법에 기록하였고 여러 선지자가 기록한 그이를 우리가 만났으니 요셉의 아들 나사렛 예수니라"(45절)

그는 처음부터 위대한 고백을 보여주고 있었습니다. 아직 주를 아는 빛이 희미할 때에 그는 분명하게 주가 누구이신지 알았습니다.

이에 나다나엘은 빌립에게 반문하였습니다.

"나사렛에서 무슨 선한 것이 날 수 있느냐"(46절)

그러나 빌립은 나다나엘과 변론하려 하지 않았습니다. 그는 나다나엘에게 '와서 보라'고 하였으며 이에 나다나엘은 주께로 나아갈 수 있었습니다. 우리는 복음의 증인으로 부르심을 받았지, 변호인으로 부르심을 받지 않았습니다. 우리는 다만 주께로 누군가를 인도할 수 있다면 이제 하나님께서 그에게 역사하실 것입니다. 나다나엘이 가진 신앙은 빌립과의 만남으로 말미암은 것이 아니라 주님을 만남으로 이루어졌습니다. 오늘 우리가 복음을 전할 때에 우리가 복음 전함에 있어 무기력과 무능함을 자책해서는 안 될 것입니다. 그것은 어려운 일이 아니라 불가능한 일입니다. 한 심령을 만지실 분은 바로 주님이신 것입니다. 우리는 쓸데없는 변론이 아니라 주님 앞으로 뭇 심령을 인도할 수 있는 자들이 다 되어야 하겠습니다.

예수님께서 나다나엘이 자기에 오는 것을 보시고 그를 가리켜 '보라 이는 참으로 이스라엘 사람이라 그 속에 간사한 것이 없도다'라고 하였습니다. 이에 나다나엘이 어떻게 나를 아시나이까라고 하니 예수님께서 '빌립이 너를 부르기 전에 네가 무화과나무 아래 있을 때에 보았노라' 하셨습니다. 이에 나다나엘은 '랍비여 당신은 하나님의 아들이시오 당신은 이스라엘의 임금이로소이다'라고 고백합니다. 예수님께서는 시몬에게 말씀하여 주신 바와 같이 '내가 너를 무화과나무 아래에서 보았다 하므로 믿느냐 이보다 더 큰 일을 보리라 진실로 진실로 너희에게 이르노니 하늘이 열리고 하나님의 사자들이 인자 위에 오르락 내리락 하는 것을 보리라' 하셨습니다.

나다나엘은 교회의 전통 가운데 바돌로매와 동일한 인물로 간주되고 있습니다. 사도들의 이름이 나열될 때에 바돌로매는 항상 빌립과 짝이 되어 소개되며 나다나엘은 요한복음 21장2절 가운데 다시 한번 더 언급되는데 사도들이 갈릴리 바다에 가서 고기를 잡을 때에 베드로, 도마, 야고보와 요한, 다른 제자 둘과 함께 고기를 잡은 것으로 전합니다.

## 묵상

01   세례 요한의 자기부정에 관하여 나누어 봅시다.

02   안드레와 빌립이 각각 베드로와 나다나엘에게 복음을 전함에 관하여 나누어 봅시다.

03   예수님과 나다나엘의 만남에 관하여 나누어 봅시다.

## 되새김

예수님께 처음으로 부름을 받은 제자들은 다양한 모습으로 주님을 만나게 됩니다. 주님을 만난 여러 가지 유형들이 있습니다. 세례 요한의 두 제자들과 같이 체험적으로 구하는 자들과 베드로와 같이 쉽게 오지만 주님을 인격적으로 만나기까지 오랜 시간이 걸리는 자들과 빌립과 같이 즉각적인 응답을 하는 자와 나다나엘과 같이 말씀과 깊은 묵상 속에서 주님을 만나는 자들이 있는 것입니다.

PART

# 05

# 가나 혼인 잔치
## 2장1~12절

**Key Point**

예수님께서 갈릴리 가나 혼인 잔치에서 물로 포도주를 만드시는 첫 번째 표적을 행하십니다. 이 표적은 예수님께서 메시야가 되심을 나타내신 사건으로 그의 영광을 나타내셨으며 이로 말미암아 제자들이 그를 믿게 됩니다.

## 본문 이해

　이번 과는 예수님의 첫 번째 표적이라고 하는 갈릴리 가나 혼인 잔치에서 물로 포도주로 만드신 이적에 관한 말씀입니다. 베다니에서의 예수님의 행적은 갈릴리 가나로 이동됩니다. 갈릴리 가나 혼인 잔치의 이야기는 공관복음에서 생략된 예수님의 공생애 초기 사역입니다.

### ■ 요한복음의 이적

　요한복음은 예수님의 이적을 '표적'(쎄메이아)이라 부르며 총 7개의 이적에 관하여 전합니다. 공관복음의 이적이 권능을 나타낸다면 요한복음의 이적은 '표적'으로 예수 그리스도의 신성을 나타내며 이를 믿게 하십니다.

　① **가나의 혼인잔치(2:1-12)**
　② 왕의 신하의 아들의 치유(4:43-54)
　③ 베데스다 연못의 38년 병자의 치유(5:1-18)
　④ 오병이어의 이적(6:1-15)
　⑤ 물 위를 걸으심(6:16-21)
　⑥ 실로암 맹인의 치유(9:1-12)
　⑦ 죽은 나사로를 살리심(11:1-45)

마태복음에서는 4장에서 시험을 받으시고 제자들을 부르시고 5장으로부터 7장까지 산상수훈의 말씀을 전하고 8장에 가서야 이적을 담고 있습니다. 한 나병 환자가 나아와 절하며 주여 원하시면 저를 깨끗하게 하실 수 있나이다라고 하였고 이에 이 나병 환자는 나음을 받았습니다.

마가복음 1장에는 시간적인 기술로 아침에 제자들을 부르시고 점심에 가버나움 회당에서 가르치시며 귀신 들린 자를 고치신 이야기, 베드로의 장모의 집에서 장모의 열병을 고치시고 병든 자와 귀신 들린 자를 고치심의 이야기를 전합니다.

누가복음은 마가복음의 순서를 따라서 전하여 가버나움의 귀신 들린 자를 고치심의 이야기를 먼저 전하며 이 가버나움의 귀신 들린 자의 이야기를 좀 더 자세히 전합니다.

이처럼 예수님의 처음 이적이라면 그 이적에 관하여 특별한 관심이 집중될 것입니다. 첫 번째 이적이라는 것은 매우 강렬한 것이어서 놓칠 수가 없는 것입니다. 이제 이 요한복음의 첫 번째 표적이라고 하는 물로 포도주를 만드신 사건을 단순히 어떠한 동등한 이적의 관심에서 볼 것이 아니라 이 이적이 담고 있는 내적인 의미가 무엇인가를 살필 때에 요한복음을, 그리고 이 사건의 진실된 의미를 좀 더 온전히 알 수 있는 것입니다.

물로 포도주를 만드심은 단지 물로 포도주를 만드심의 대한 이적이 아닙니다. 이 이적은 육에 속한 자를 성령에 속한 자로 만드심의 거듭남에 대한 표증으로 주신 것임을 알아야 합니다. 물은 물이고 포도주는 포도주입니다. 어떻게 물이 포도주가 될 수 있겠습니까? 그러나 물로 포도주를 만드시는 것이 바로 예수님의 능력이며 또한 이것이 바로 거듭남이 됩니다.

■ 요한복음 2장의 구조적 이해

요 2:1-11: 가나의 혼인 잔치

요 2:12: 가버나움에 잠시 머무심

요 2:13-22: 성전을 깨끗하게 하심

요 2:23-25: 사람의 속에 있는 것을 아심

1. 예수님께서 가나 혼인 잔치에 청함 받으심을 살펴봅시다(1-2절).

빌립과 나다나엘이 예수님을 만난 지 사흘째 되던 날 갈릴리 가나에 혼례가 있어 예수의 어머니도 거기 계시고 예수와 그 제자들도 혼례에 청함을 받았습니다.

2. 첫 번째 난해 구절인 예수님께서 어머니에게 '여자여'라 말씀하심을 살펴봅시다(4절)

번역된 이 말은 '어머니'라는 말이 아닌 '여자여'라는 말로서 다소 무례하고 예의에 어긋난 것처럼 느껴집니다. 어머니에게 어머니라 부르지 않고 '여자여'라고 부름은 상식적인 일이 아닙니다. 하지만 이러한 표현들을 우리 식으로 해석하여 본래적인 의미와 가르침을 떠나서는 안 될 것입니다. 사실 이 말은 왕이 왕후를 부를 때나 자신의 아내를 부를 때에 쓰게 되는 사랑스럽게 부르는 '존칭어'가 되는 말입니다.

동시에 이 말씀은 마리아에 대한 존칭과 더불어 마리아에 대하여 넘어서는 안 될 우리의 과도한 공경을 절제시키는 데에 적절합니다. 마리아는 우리의 신앙의 본이 되는 존재이지 하나님과 우리 사이에서 중보자가 될 수 없습니다. 왜 그렇습니까? 중보자는 단 한 사람 예수 그리스도이시기 때문입니다.

성경에 예수님께서 '여자여'(귀나이)라고 하신 말씀은 네 군데에서 찾아볼 수 있습니다. 첫 번째 표현이 본문 말씀입니다. 이는 예수님께 향한 기대 가운데 있는 자에게 하신 말씀입니다.

두 번째 표현은 간음한 여인에게 하신 말씀입니다. "여자여 너를 고발하던 그들이 어디 있느냐 너를 정죄한 자가 없느냐"(요 8:10)

이 또한 간음한 여인을 멸시하는 말이 될 수 없습니다. 왜냐하면 이 자리는 예수님께서 간음한 여인을 위로하시고 세우시는 말씀이기 때문입니다. 그러나 이 말씀은 동시에 여인을 높이는 말이라고 보기 힘듭니다. 간음한 여인을 예수님께서 높인다는 것은 어색합니다.

세 번째 표현은 역시 마리아에게 하신 말씀으로 십자가 위에 달린 자신을 향하여 한 없이 슬퍼할 때입니다.

"예수께서 자기의 어머니와 사랑하시는 제자가 곁에 서 있는 것을 보시고 자기 어머니께 말씀하시되 '여자여 보소서 아들이니이다' 하시고"(요 19:26)

갈릴리 가나 혼인 잔치에서 자신을 향하여 기대하던 마리아에게, 또한 십자가에 달린 자신을 향해 슬퍼하는 마리아에게 향하신 주님의 말씀이 바로 '귀나이'(여자여)입니다.

네 번째는 부활하신 주님을 아직 알아보지 못하고 빈 무덤에서 예수님의 시신이라도 애타게 찾던 막달라 마리아에게 하신 말씀입니다.

"예수께서 이르시되 '여자여 어찌하여 울며 누구를 찾느냐' 하시니"(요 20:15)

여자여 너를 고발하던 그들이 어디 있느냐 너를 정죄한 자가 없느냐
여자여 보소서 아들이니이다
여자여 어찌하여 울며 누구를 찾느냐

이처럼 예수님께 향하여 기대하고 슬퍼하며, 사모하는 자들에게 주

께서 불쌍히 여기는 자에게 결코 '귀나이' '여자여'라는 말씀은 무례한 말씀일 수 없으며 이는 사랑과 애정의 말씀과 표현으로 이해할 수 있습니다.

### 3. 두 번째 난해 표현인 '나와 무슨 상관이 있나이까?'라 말씀하심을 살펴봅시다(4절)

두 번째 난해한 표현은 우리말로 '나와 무슨 상관이 있나이까'라는 말입니다. 마리아의 간구에도 불구하고 예수님께서는 이를 거절하며 마치 관심이 없는 듯한 말씀으로 이해될 수 있습니다. 이 또한 난해한 구절 중의 한 부분입니다. 그러나 이 말을 직역하면 '나와 당신에게 무엇입니까'(티 에모이 카이 소이)라는 말입니다. 단순한 거절의 의미는 아님을 알 수 있습니다. 왜냐하면 주님께서는 순간적으로 거절하였다가 마치 그 마음을 돌이켜서 마리아의 말을 들은 인상을 주기 때문입니다. 이 말씀은 이 첫 번째 표적이 되는 이적은 단순히 한 가정사의 어려움을 해결해주는 사건 이상의 의미가 있음을 알게 하시는 것입니다.

예수님께서는 첫 번째 이적을 통해서 하나님의 일을 행하시는 것입니다. 주님께서는 단순하게 사람의 병을 고쳐주시거나 사람의 먹을 것의 문제 곧 육신의 문제를 해결하시기 위하여 이 땅에 오신 것이 아닙니다. 우리는 깊이 있는 영적인 의미와 가르침을 이 이적을 통해서 깨달아야 할 것입니다. 주님께서는 한 가정사적인 문제를 해결하심에 있어서는 거절하십니다. 그러나 이 거절은 하나님의 일을 이루시는 일로 행하시는 것입니다. 우리들 또한 무엇을 먹을까 무엇을 입을까의 문제가 아닌 먼저 그의 나라와 그의 의를 구하는 삶을 살아야 합니다.

4. 세 번째 난해 구절인 '내가 때가 아직 이르지 아니하였나이다'라 말씀하심을 살펴봅시다(4절).

　세 번째 난해한 표현은 바로 예수님께서 내 때가 아직 이르지 아니하였다는 말씀입니다. 비록 하나님께서는 이 일을 행하실 것이고 하나님의 뜻을 이루신다고 하여도 이는 아무 때나 되는 것이 아니라 하나님의 때에 이루어지는 것입니다. 우리는 알아야 합니다. 우리의 기도가 부족한 것이 아니라 아직 때가 되지 않은 것입니다. 우리의 열심이 부족한 것이 아니라 아직 때가 되지 않은 것입니다. 우리의 헌신이 부족한 것이 아니라 아직 때가 되지 않은 것입니다. 하나님께서는 모든 것을 때를 따라 온전하게 하시는 것입니다. 그러므로 인생이 할 수 있는 유일한 일은 기다림입니다.

5. 가나 혼인 잔치 표적에 담긴 믿음의 원칙들을 살펴봅시다.

　① "포도주가 떨어진지라"(3절)-결함, 결핍

　우리는 부한 것을 복되다 생각합니다. 그러나 부한 곳에서는 하나님의 역사를 깊이 체험할 수 없습니다. 그러므로 우리는 가난한 곳, 핍절된 곳, 결핍된 곳에 주목합니다. 그곳은 기적과 이적의 현장입니다. 이는 참으로 하나님의 놀라운 역사의 시작이 됩니다. 주님께서 그의 어머니와 제자들과 함께 혼례에 청함을 받았습니다. 그러나 그곳에 포도주가 떨어졌습니다. 이것이 바로 기적과 이적의 시작이 됩니다.

② "저들에게 포도주가 없다 하니"(3절)-구함

마리아가 이러한 상황에 관하여 예수님께 알렸습니다. 이는 단지 알림이 아닌 구함입니다. 우리는 과연 주님께서 어떻게 어떠한 일을 행하실지 알지 못합니다. 그러나 우리는 분명히 이러한 상황을 주님께 알리고 도움을 구하여야 하는 것입니다.

"너희가 얻지 못함은 구하지 아니하기 때문이요"(약 4:2)

구하지 않음은 불신앙으로 말미암은 것입니다. 하나님께서는 은혜를 헛되이 붓지 않으십니다. 간절히 구함 가운데 하나님의 은혜를 귀히 여김이 있는 것입니다. 은혜를 은혜로 여기지 않는 곳에는 하나님의 은혜가 임하지 않는 것입니다. 우리는 우리의 결핍을 바라보아야 하며 또한 하나님께 구하는 신앙을 가져야 합니다. 이것이 바로 믿음의 과정이요 또한 원칙이 됩니다.

③ "너희에게 무슨 말씀을 하시든지 그대로 하라"-말씀을 가르침

참되고 아름다운 신앙은 말씀에 의지하는 신앙입니다. 베드로는 주님께 말하기를 '선생님 우리들이 밤이 새도록 수고하였으되 잡은 것이 없지마는 말씀에 의지하여 내가 그물을 내리리이다'(눅 5:5)라고 이야기하였습니다. 그는 주님을 주라는 고백을 하지 못하고 단지 선생님이

라고 불렸습니다. 그것은 인격적인 관계의 미비함을 뜻하기도 하고 불신앙의 말을 뜻하기도 합니다. 그러나 중요한 것은 그가 아직 주님을 주라고 고백하기도 전에 말씀에 의지하는 법을, 말씀에 의지하는 삶의 축복을 가진 사람이었습니다. 오늘날 우리들은 주님을 선생님이 아닌 '주'로 섬기는 사람들입니다. 베드로가 선생님이라고 부르는 가운데도 말씀에 의지하였는데 오늘날 우리들이 주님의 말씀에 의지하지 못하는 자가 되어서는 안 될 것입니다.

④ "아귀까지 채우니"-순종

주님께서는 하인들에게 말씀하시를 '항아리에 물을 채우라'고 하셨습니다. 이제 하인들의 행위 속에서 우리들에게 보여주는 교훈의 말씀이 있습니다. 그들은 아귀까지 채웠습니다. 이는 온전한 순종을 뜻하는 것입니다. 이는 말씀을 따라 최선을 다하는 것을 의미하는 것입니다.

⑤ "갖다 주었더니"-믿음의 가르침

항아리에 물을 채움을 보셨습니다. 그것은 한 항아리가 아닙니다. 유대인의 정결 예식을 따라 두 세 통 드는 돌항아리 여섯이 놓였습니다. 돌항아리 여섯에 물이 가득 채워진 것입니다. 주님께서는 하인들에게 다시 말씀하시기를 '이제는 떠서 연회장에게 갖다 주라' 하였습니다. 그리고 하인들은 아무런 말도 없습니다. 그들은 단지 갖다 주었습니다. 무슨 말씀을 하시든지 그대로 하라 하였습니다. 우리는 채우는 신앙이 있어야 하며 또한 갖다 주는 신앙이 있어야 합니다. 채운다함은 무엇입니까? 그것은 순종을 의미하며 또한 그 안에서 최선의 순종을 봅니다. 그러나 순종은 거기에서 끝이 나는 것이 아니라 갖다 주어라고 하였습니다. 이것은 믿음을 의미하는 것입니다. 우리의 순종은 믿음으로 말미암은 순종이어야 합니다. 기계적으로 하나님의 말씀을 따른다고 하여서 기적을 체험할 수 있는 것은 아닙니다.

"오직 믿음으로 구하고 조금도 의심하지 말라 의심하는 자는 마치 바람에 밀려 요동하는 바다 물결 같으니 이런 사람은 무엇이든지 주께 얻기를 생각하지 말라 두 마음을 품어 모든 일에 정함이 없는 자로다"(약 1:6-8)

우리는 얼마나 하인들이 믿음을 가졌는지 확신할 수 없지만 분명한 것은 저들의 행위를 통해서 오늘날 우리들에게는 하나님의 말씀의 순종과 더불어 믿음을 가져야 할 것을 말씀하시는 것입니다. 믿음이 없이는 온전한 순종을 기대할 수 없는 것입니다. 믿음이 온전한 순종을 가지고 오는 것입니다. 하인들은 물로 된 포도주를 떠온 곳이 아닙니다. 하인들은 물을 항아리에 채웠을 뿐만 아니라 물을 떠 왔습니다.

"연회장은 물로 된 포도주를 맛보고도 어디서 났는지 알지 못하되 물 떠온 하인들은 알더라"(9절)

⑥ "그대는 지금까지 좋은 포도주를 두었도다"-결실

포도주는 떨어졌습니다. 연회는 더 이상 계속할 수 없었습니다. 그러나 이러한 결핍 속에서 이를 알고 구하는 자가 있었으며 또한 주님의 말씀과 이에 대한 순종과 믿음으로 말미암아 우리는 결실을 보게 됩니다. 물이 포도주가 되었으며 더 나아가 이 포도주는 가장 좋은 포도주입니다. 생각건대 이 포도주는 세상에서 가장 맛난 포도주가 될 것입니다. 우리는 말씀에 의지한 온전한 순종과 믿음에 이러한 결실이 있음을 깨달아야 할 것입니다. 사모하여야 할 것입니다. 바라보아야 할 것입니다. 기대하여야 할 것입니다.

⑦ "어디서 났는지 알지 못하되"-비밀의 원칙

하나님의 이적은 비밀스러운 것입니다. 왜입니까? 믿음의 역사는 오직 믿음의 사람들에게만 보이는 것입니다. 연회장에게 있어 이 일은 이상한 일이지만 믿음의 역사는 되지 않았습니다. 이 일이 믿음의 역사가 된 것은 마리아에게, 하인들에게, 그리고 예수님을 믿고 따르는 제자들에게, 그리고 오늘날 주님을 믿는 우리들에게 임하는 것입니다. 이 비밀스러운 일은 연회장에게 알려지지 않았습니다. 우리는 믿음의 역사에 소외되는 사람들이 되어서는 안 될 것입니다. 그 축복과 기적의 주인공이 되어야 할 것입니다.

⑧ "그의 영광을 나타내시매"-영광

믿음의 역사는 궁극적으로 하나님께 영광을 나타내는 것입니다. 우리가 믿음의 역사를 보아야 하는 것은 단지 우리들이 필요가 채움을 받기 위해서가 아닙니다. 우리가 바라고 또한 사모하는 것은 이 일들을 통해서 하나님께 영광을 돌리기 위함인 것입니다. 또한 우리는 우리의 모든 믿음의 역사를 통하여 하나님의 영광을 사모하는 자들이 다 되어야 할 것입니다.

## 6. 예수님께서 가버나움에 잠시 머무심을 살펴봅시다(12절).

베다니로부터 시작되고 밝혀지는 예수님의 행적은 갈릴리 가나에 이어 가버나움으로 이동됩니다. 유월절에 예수님께서 예루살렘에 이르시기 전에 예수님께서 가버나움에 이르셨음은 요한복음을 통해서 세심하게 예수님의 행적을 밝히고 있음을 알게 하십니다.

"그 후에 예수께서 그 어머니와 형제들과 제자들과 함께 가버나움으로 내려가셨으나 거기에 여러 날 계시지 아니하시니라"(12절)

## 묵 상

01 물로 포도주를 만드심이 주는 교훈에 관하여 나누어봅시다.

02 어려움이 주는 유익함에 관하여 나누어 봅시다.

03 마리아와 하인들의 믿음에 관하여 나누어 봅시다.

## 되새김

예수님의 첫 번째 표적은 물로 포도주를 만드신 일이었습니다. 모세로 말미암은 심판의 시작이 물을 피로 만드는 것이었다면 주님의 사역은 혼인 잔치에서 물로 포도주를 만드셨습니다. 이는 생명의 주가 되심을 밝히시는 것입니다. 주께서 이 땅에 오심은 심판하러 하심이 아닌 구원의 은총을 베푸시기 위함이신 것입니다.

P A R T

# 06

## 성전 정화 사건
## 2장13~25절

**Key Point**

갈릴리 가나에서 첫 번째 표적을 행하신 예수님께서는 유월절 가까운 시기에 성전에 올라가셨다가 성전에서 장사하는 사람들을 내쫓으십니다. 혼인잔치에 포도주가 떨어짐의 문제와 같이 성전은 그 거룩함이 훼손되었습니다.

## 본문 이해

요한복음은 특징적으로 예수님의 갈릴리 사역보다는 유대와 예루살렘 사역이 명절을 중심으로 이루어집니다. 이러한 특징의 첫 번째로 유월절이 가까웠을 때에 예수님께서 예루살렘에 이르셔서 성전을 정화하신 사건에 관하여 전합니다. 베다니(요 1:28)-가나(요 2:1-11)-가버나움(요 2:12)에 이어 예수님께서는 예루살렘에 올라가셨습니다(요 2:13).

세례 요한의 증언으로부터 가나 혼인잔치의 이적이 시간적으로 매우 직접적으로 연결되어 있는 반면에 [4]가나 혼인 잔치로부터 왕의 신하의 아들을 고치심의 이야기는 느슨하게 연결되어 있습니다[5]. 시간의 연결이 사마리아 사역 이후 갈릴리 사역으로 직접적으로 연결되어 있는 부분도 있지만(요 4:40, 43), 이번에는 이야기로 말씀이 연결되어 시간의 흐름을 연상케 합니다.

---

4) 요한복음은 세례 요한의 증언으로부터 가나 혼인 잔치까지 7일로 구성하였습니다.

5) 요한복음 4장45절, '명절 중 예루살렘에서 하신 모든 일을 보았음이더라'라는 말씀은 유월절 성전 정화 사건에 연속되며, 보다 직접적으로 요한복음 4장46절은 예수님의 갈릴리 가나 사건을 상기시킵니다. 예수님의 초기 사역은 갈릴리 가나에서 직접적인 표적을 나타내심에서 시작해서 다시 갈릴리 가나에서 두 번째 표적으로 행하심으로 마무리하고 있는 것입니다.

가나 혼인 잔치에서 포도주가 떨어졌으며 예수님께서는 항아리에 물로 채우라 하셨습니다. 가나 혼인 잔치에서 '채우심'에 관하여 보여주셨다면 성전 정화 사건을 통해서는 '비우심'에 관하여 보이십니다. 가나 혼인 잔치에서는 물과 포도주로 '변화'시키심으로 하나님의 사랑과 긍휼에 관하여 보이셨다면 성전 정화 사건을 통해서는 하나님의 진노와 심판에 관하여 나타내셨습니다. 세상을 향하여서는 복음을 전하여 생명을 주시나 믿음의 사람들의 부패에는 변화가 아닌 진노와 책망이 있는 것입니다.

예수님께서 성전을 깨끗하게 하신 사건은 두 번 있었습니다[6]. 처음 성전을 깨끗하게 하신 사건은 공생애 초기에 일어났으며 요한복음을 통해서 증언합니다. 그러나 공관복음을 통해서는 공생애 말에 예수님의 예루살렘 입성 둘째 날(월요일)에 이 사건이 다시 일어났음을 보이십니다. 이는 주님께서 성전을 깨끗하게 하셨으나 다시금 더럽혔음을 보이시는 것입니다.

---

6)  D. A. 카슨 『PNTC 주석 시리즈: 요한복음』(서울: 도서출판 솔로몬, 2017), 310-316쪽. 성경에는 두 번의 사건들이 존재합니다. 오병이어와 칠병이어, 향유를 부은 여인의 이야기 등은 한 번의 사건이 아닌 분명하게 두 번의 사건임을 내증합니다. 그러나 '성전 정화 사건'이 한 번인지 두 번인지 확증하는 일은 쉽지 않습니다. 많은 학자들은 요한복음의 성전 정화 사건을 앞으로 전개될 많은 일들에 대한 예언적 행위로 십자가를 지시기 전 고난 주간에 있었던 사건을 예수님의 사역 초기에 옮겨 놓은 것이라고 주장합니다. 단지 소수의 학자들만이 두 번의 성전 정화 사건이 있음을 주장합니다. 곧 공생애 초기와 공생애 마지막에 있을 가능성을 제기합니다. 그러나 성경에 대한 자연스러운 읽기를 따라 두 번이라는 후자의 견해를 지지하며 구체적으로 논쟁은 앞의 책을 참고 바랍니다.

유대인의 유월절이 가까웠습니다. 이에 예수님께서 예루살렘으로 올라가셨습니다. 이는 마치 주님께서 십자가를 지심에 있어서 예행연습을 하시는 듯한 인상을 줍니다. 앞으로 있을 주님의 십자가의 길을 주님께서 미리 행하심이 됩니다.

2. 예수님께서 성전에서 장사하는 사람들을 내쫓으심을 살펴봅시다(14-17절).

주님께서는 성전 안에서 소와 양과 비둘기 파는 사람들과 돈 바꾸는 사람들이 앉아 있는 것을 보셨습니다. 그러나 주님의 눈에 저들은 장사치에 불가하였습니다. 예수님께서는 노끈으로 채찍을 만드사 양이나 소를 다 성전에서 내쫓으시고 돈 바꾸는 사람들의 돈을 쏟으시며 상을 엎으셨습니다. 그리고 비둘기 파는 사람들에게 말씀하셨습니다.

"이것을 여기서 가져가라 내 아버지의 집으로 장사하는 집을 만들지 말라"(16절)

요한복음에서는 성전을 깨끗이 하심에 있어서 구체적으로 내 집은 만민이 기도하는 집이라 일컬음을 받을 것을 말씀하시지 않으시고 다만 '내 아버지의 집으로 장사하는 집을 만들지 말라' 하셨습니다. 이는 구체적으로 다양하게 하나님의 집이 어떠한 집이 되어야 하는지를 묵상하게 합니다. 하나님의 집은 예배가 있고, 섬김이 있고, 봉사가 있으며, 순결하며, 거룩하며, 사랑의 교제가 있으며 기도하는 집이 되어야 할 것입니다.

제자들은 성경 말씀에 주의 전을 사모하는 열심이 나를 삼키리라 한 것을 기억하였습니다.

"주의 집을 위하는 열성이 나를 삼키고 주를 비방하는 비방이 내게 미쳤나이다"(시 69:9)

### 3. 유대인들의 대답과 표적을 구함을 살펴봅시다(18절).

유대인들은 예수님의 행위에 대하여 표적을 구하였습니다. 갈릴리 가나의 첫 번째 표적 이후 표적은 요한복음의 주요한 메시지가 됩니다.

### 4. 예수님의 답변과 유대인들의 반응을 살펴봅시다(20-22절).

예수님께서는 물로 포도주를 만드신 것과 같은 이적이 아닌 이번에는 말씀으로 그들에게 전하였습니다.

"너희가 이 성전을 헐라 내가 사흘 동안에 일으키리라"(19절)

유대인들의 예수님의 답변을 어이없는 소리로 여겼습니다. 왜냐하면 예루살렘 성전은 46년 동안에 지어졌기 때문입니다. 46년 동안 지어진 성전을 삼 일 만에 일으키는 일은 불가능한 일입니다. 그러나 예수님께서는 성전된 자기 육체를 가리켜 말씀하신 것입니다. 제자들 또한 예수님께서 죽은 자 가운데서 살아나신 후에야 이 말씀하신 것을 기억하고 성경과 예수께서 하신 말씀을 믿었습니다.

신약에 있어서 성전은 세 가지로 증거 합니다. 첫째 주님의 육체를 가리켜 성전이라 하셨습니다(요 2:21). 예수님께서는 저들에게 이 성전을 헐라 내가 사흘 동안에 일으키리라 하셨습니다. 이는 예루살렘 성전을 가리켜 말씀하심이 아닌 성전된 자기 육체를 가리켜 말씀하신 것입니다. 주님께서는 밝히 말씀하시지 않으셨지만 이 성전을 헐라는 말씀 가운데 공생애 초기에 이미 주님의 죽음과 부활의 말씀을 하신 것입니다.

"그러나 예수는 성전된 자기 육체를 가리켜 말씀하신 것이라 죽은 자 가운데서 살아나신 후에야 제자들이 이 말씀하신 것을 기억하고 성경과 예수께서 하신 말씀을 믿었더라"(요 2:21-22)

두 번째 성전은 교회가 바로 성전이 됩니다. 교회는 곧 그리스도의 몸이기 때문입니다.

"교회는 그의 몸이니 만물 안에서 만물을 충만하게 하시는 이의 충만함이니라"(엡 1:23)

더 나아가 성전은 곧 성도의 몸이 성전이 됩니다. 왜냐하면 성도의 몸은 성령의 전이기 때문입니다.

"너희는 너희가 하나님의 성전인 것과 하나님의 성령이 너희 안에 계시는 것을 알지 못하느냐 누구든지 하나님의 성전을 더럽히면 하나님이 그 사람을 멸하시리라 하나님의 성전은 거룩하니 너희도 그러하니라"(고전 3:16-17)

## 5. 예수님께서 사람의 속에 있는 것을 아심을 살펴봅시다(23-25절).

유월절에 예수님께서 예루살렘에 계시니 많은 사람이 그의 행하시는 표적을 보고 그의 이름을 믿었으나 예수님은 그의 몸을 그들에게 의탁하지 아니하셨습니다. 이는 친히 모든 사람을 아심이며 또 사람에 대하여 누구의 증언도 받으실 필요가 없었으니 이는 그가 친히 사람의 속에 있는 것을 아셨음입니다.

요한복음에서 '믿음'은 너무나 중요한 주제입니다. 왜냐하면 요한복음은 신앙의 대상으로서 예수 그리스도를 전하며 그를 믿게 하기 위하여 기록되었기 때문입니다.

"오직 이것을 기록함은 너희로 예수께서 하나님의 아들 그리스도이심을 믿게 하려 함이요 또 너희로 믿고 그 이름을 힘입어 생명을 얻게 하려 함이니라"(요 20:31)

그러나 보다 온전한 믿음이 되어야 합니다.

"너는 나를 본 고로 믿느냐 보지 못하고 믿는 자들은 복되도다"(요 20:29)

표적을 보고 믿는 믿음 또한 온전한 믿음이 될 수 없습니다. 온전한 믿음의 여부는 주님께서 아십니다.

"이는 그가 친히 사람의 속에 있는 것을 아셨음이니라"(요 2:25)

## 묵상

01   성전을 깨끗이 하듯, 내 안에 버려야 할 것은 무엇입니까?

02   성전의 회복으로 내 안에 회복되어야 할 바는 무엇입니까?

03   성전이 허물어지고 일으켜짐이 주는 교훈에 관하여 나누어 봅시다.

## 되새김

갈릴리 가나에서 첫 표적을 보이신 주님께서는 성전을 정화하심에 표적의 요구를 받으셨으나 표적의 증거 없이 말씀으로 저들에게 가르치셨습니다. 주님의 육체가 곧 성전이요 이 성전은 허물어졌다가 다시 일으켜질 것입니다. 성전의 거룩함과 더불어 참된 성전 되신 주님께 산 소망을 두어야 할 것입니다.

# 예수님과 니고데모
## 3장1~21절

## Key Point

성전을 청결하게 하신 예수님께서는 니고데모와의 대화를 통해서 하나님의 백성에 대한 새로운 조명을 하십니다. 구원은 선민사상에 의한 것이 아닌 거듭남으로 말미암은 것입니다. 물과 성령으로 나지 아니하면 하나님 나라에 들어갈 수 없는 것입니다.

## 본문 이해

　예수님의 첫 번째 예루살렘 사역은 크게 성전 정화 사건과 니고데모라는 유대인의 지도자와의 만남으로 이루어집니다. 성전 정화는 성전의 거룩함과 더불어 새로운 시대가 왔음을 알게 합니다. 이에 예수님께서는 유대교의 바리새인 니고데모와의 대화를 통해서 중생은 선민사상과 율법의 준수를 통한다는 율법주의에 반해 믿음으로 말미암은 중생에 관하여 알게 하십니다.

　우리는 말씀을 읽을 때에 말씀의 연속성을 잃어서는 안됩니다. 곧 가나 혼인 잔치로부터 왕의 신하의 아들을 고치심의 말씀까지 연속적인 메시지를 깨달아야 합니다. 가나 혼인 잔치에서 물로 포도주를 만드심은 어둠 가운데 빛으로, 사망 가운데 생명을 주시는 예수님의 사역을 선포합니다. 그러나 이러한 은혜의 사역에 이어 성전을 깨끗이 하심으로 예수님의 사역이 결코 '공의'와 '거룩함'을 잃어버린 은혜가 아님을 알게 하시며 이제 더욱 구체적으로 니고데모와의 대화를 통해서 예수님의 사역이 무엇인지를 알게 하십니다. 곧 예수님을 믿음이 가지고 오는 변화가 무엇인지 알게 하십니다.

■ 요한복음 3장의 구조적 이해

　요 3:1-21: 예수님과 니고데모

요 3:22-30: 세례 요한의 증언

요 3:31-36: 하나님이 보내신 이의 증언

## 1. 니고데모에 관하여 살펴봅시다(1절).

바리새인 중에 니고데모라 하는 사람이 있었습니다. 성경은 그에 관하여 조금 더 알게 하여 주시는데 그는 바리새인이며, 유대인의 지도자요, 곧 산헤드린 공회원이었습니다. 바리새인들은 사두개인처럼 현실주의 정치에 깊이 있게 관여하는 사람들은 아니었습니다. 바리새인들은 또한 에세네파와 같이 현실을 외면한 사람들이 아니었습니다. 바리새인들은 현실 속에 있으면서도 하나님의 말씀을 믿고 지키고 행하기 위해서 노력했던 사람들입니다. 그들은 십일조를 철저히 지키고, 기도 생활과 구제에 힘썼던 사람들입니다. 비록 그들은 자신의 행위를 자랑하고 나타내려 하는 일이 있었으나 분명한 것은 바리새인들은 당시의 사람들의 존경을 받던 사람들이었습니다. 더욱이 니고데모가 속한 산헤드린 공회는 이스라엘 최고의 입법 기관임과 동시에 재판과 법의 집행까지도 맡은 최고의 기관입니다. 이 산헤드린 공회는 70명의 공의원으로 구성되어 있었는데 바로 니고데모가 그들 중의 한 사람이며 유대인의 지도자였던 것입니다.

## 2. 니고데모가 밤에 예수님을 찾아옴을 살펴봅시다(2절).

니고데모가 밤에 찾아왔다는 것은 몇 가지 이유가 있습니다.

① 확신의 부족

니고데모는 아직 예수님께 향한 확신이 없었습니다. 그는 예수님을 향하여 랍비, 선생님으로 불렀습니다. 유대의 지도자로서, 산헤드린 공회원으로서 자신을 낮추고 예수님을 선생님이라 부른 것은 그 자신이 겸손한 자임에는 틀림이 없지만 그는 예수님이 어떠한 분이신지에 관하여 아직 확신이 없었습니다.

"랍비여 우리가 당신은 하나님께로부터 오신 선생인 줄 아나이다 하나님이 함께 하시지 아니하시면 당신이 행하시는 이 표적을 아무도 할 수 없음이니이다"(2절)

사람이 세운 사람이 아닌, 하나님께로부터 오셨으며, 하나님께서 세우신 사람임은 알겠지만, 니고데모는 정확하고 명확하게 예수님께서 어떠한 분이신 줄 알지 못하였고 또한 확신할 수 없었습니다. 그러므로 그는 자신을 드러내 놓고 예수님을 찾아올 수 없어 밤에 찾아온 것입니다.

② 예수님을 만남에 대한 어려움

또한 니고데모가 밤에 찾아왔다는 것은 그가 가진 확신의 부족뿐만 아니라 예수님을 만난 이러한 자리가 얼마나 그에게 어려움을 주는 지를 알게 합니다. 니고데모는 예수님을 만날 때에 잃을 것이 많은 사람이었습니다. 가난한 사람들은 예수님을 만날 때에 잃을 것이 없습니다. 그들은 가진 것이 없기 때문입니다. 병든 자는 또한 예수님을 만날 때에 잃을 것이 없습니다. 죄인들도 예수님을 만날 때에 잃을 것이 없습니다. 그러나 니고데모는 유대인의 지도자로서 예수님을 만날 때에 잃게 되는 것이 많은 사람이었습니다. 어쩌면 자신의 권력과 지위를 잃게 될 수도 있는 것입니다. 예수님을 만남으로 말미암아 그가 받게 될 정치적이며, 경제적인 타격은 결코 간과할 수 없는 것이었습니다. 어쩌면 우리들도 예수님을 만날 때에 세상의 많은 것을 잃을 수도 있습니다. 어떠한 사람들은 예수님을 만남으로 잃게 될 세상을 사랑하며 예수님을 떠나게 될 사람들도 있을 것입니다. 그러나 예수님을 만남은 잃게 될 세상보다 더 귀한 것입니다.

그러므로 니고데모는 이러한 이유들로 밤에 찾아오게 된 것입니다. 그러나 우리는 니고데모가 밤에 찾아왔다는 것을 부정적으로 볼 필요는 없습니다. 비록 그는 아직은 밤에 찾아왔지만 그가 찾아온 것은 확신하기 위해서 예수님을 찾아왔기 때문입니다. 예수님을 잠시 만나기 위해서, 예수님에 대한 호기심을 위해서 만난 것이 아니라 예수님을 만나고 어떠한 확신을 위해서 만났기 때문입니다.

또한 예수님을 만남으로 자신의 삶의 어떠한 결단을 위해서 찾아왔기 때문입니다. 지금 당장은 아니라 할지라도 때가 되면 그는 어떠한 확신이 있는 결단을 위해서 예수님을 찾아오게 된 것입니다. 비록 예수님을 만남을 통해서 많은 것을 잃어야 한다고 할지라도 그것이 정말로 값진 것이라면 자신의 지위와 권력을 다 내려놓을 각오를 하고 예수님과의 만남을 가지게 된 것입니다.

3. 예수님께서 니고데모에게 거듭남에 관하여 가르치심을 살펴봅시다(3-8
절).

"진실로 진실로 네게 이르노니 사람이 거듭나지 아니하면 하나님 나
라를 볼 수 없느니라"(3절)

그 밤에, 그 은밀한 만남 속에서 예수님께서 니고데모에게 가르쳐 주
신 것은 바로 거듭남입니다. 이 밤에 예수님은 누구신가에 대한 질문과
이 만남으로 모든 것을 잃을 수도 있는 그러한 비밀스러운 밤에 예수님
께서는 바로 거듭남에 관하여 말씀하시는 것입니다.

거듭남의 말씀은 니고데모에게 뜻밖의 것이며, 전혀 새로운 것이며,
낯선 것이며, 놀라운 것이며, 또한 신비로운 것입니다. 거듭남이라는 것
은 신앙에 있어서는 가장 근본적인 것이지만 믿음밖에 있는 자가 볼 때
에는 이는 새롭고, 낯설고, 놀랍고, 신비로운 것이 됩니다. 유대인에게
있어서 구원이란 선민사상으로 당연한 것이었습니다. 그러나 뜻 밖에
도 주님께서는 사람이 거듭나지 않으면 천국에 들어갈 수 없다고 하신
것입니다. 그가 유대인이든, 유대인의 지도자든, 심지어 이방인이라고
할지라도 중요한 것은 거듭남이 되는 것입니다.

좀 더 유익한 대화가 있었으면 할 수도 있었을 것입니다.

좀 더 수준 높은 대화를 기대할 수도 있었을 것입니다.

그러나 주님께서는 니고데모에게 거듭남의 말씀을 들려주셨습니다. 우리가 인정하든 인정할 수 없든 거듭남의 말씀은 가장 중요한 말씀입니다. 비록 니고데모는 이외의 거듭남에 대한 예수님의 말씀을 들었지만 그것이 참으로 예수님께서 주신 최고의 선물이 되는 것입니다.

### ■ 두 가지 의미의 중생

불교에서는 사람들을 중생이라고 합니다. 그런데 기독교에서도 믿음의 사람들을 중생이라고 말합니다. 말은 같은 중생이지만 그 뜻은 다른 중생입니다. 불교의 중생(衆生)은 무리 중 자를 씀으로 일반적인 사람들을 중생이라고 합니다. 그러나 기독교의 중생(重生)은 다시 중, 거듭 중자를 써서 다시 난 사람을 중생이라고 하는 것입니다. 그러므로 불교의 중생에게 복음을 전하여 기독교의 중생으로 새롭게 되어야 하는 것입니다.

기독교는 중생의 종교입니다. 그래서 이 중생의 의미를 강조하기를 한 번 태어난 사람은 두 번 죽고 두 번 태어난 사람은 한 번 죽는다는 말이 있습니다. 곧 한 번 태어난 사람은 그저 육으로 태어난 사람으로 이러한 사람은 두 번 죽는데 육으로만 죽을 뿐만 아니라 그의 영으로도 죽어 육으로 죽고 영으로 죽으니 두 번 죽는 것이요, 두 번 태어난 사람은 육으로만 태어날 뿐만 아니라 영으로도 새롭게 태어남으로 두 번 태어나고 한 번의 육신의 죽음만 있을 뿐입니다.

　그러므로 기독교에서는 중생을 참으로 중요하게 가르칠 수밖에 없는 것입니다. 그리고 이 중생은 그 중요성만큼이나 다양한 말로 쓰입니다. 중생이라고 하고, 거듭났다고 하고, 새로운 피조물이라고 하고, 영생이라고도 하며, 하나님의 자녀라, 성령으로 난 자라 하는 것입니다.

　"예수께서 대답하시되 진실로 진실로 네게 이르노니 사람이 물과 성령으로 나지 아니하면 하나님 나라에 들어 갈 수 없느니라"(5절)

　물과 성령은 두 가지를 의미하는 것이 아닌 한 가지 성령에 대한 설명입니다. 물, 즉 성령으로 나지 아니하면 하나님 나라에 들어갈 수 없는 것입니다.

　거듭남의 사건은 신비한 사건입니다. 그것은 이성과 과학으로 풀 수 있는 문제가 아닌 것입니다. 예수님께서는 거듭남의 사건에 관하여 말씀하시기를 바람이 임의로 불매 네가 그 소리는 들어도 어디서 와서 어디로 가는지 알지 못하나니 성령으로 난 사람도 다 그러하다 하였습니다. 성령의 인치심의 사건은 신비한 사건입니다. 우리가 아침에 눈을 떠서 아침에 일어나나 언제 해가 떴는지 알지 못합니다. 성령으로 난 것은 이와 같은 것입니다.

거듭남은 육으로 태어나는 것이 아니라 영으로 태어나는 것입니다. 육으로 태어나는 것은 100번 태어나도 육으로 난 것은 육입니다. 이제 거듭남은 육으로 태어나 두 번째 모태에 들어갔다가 나오는 것이 아니라 물과 성령으로 나는 것입니다. 이는 예수 그리스도를 믿는 자에게 주시는 하나님의 능력이요, 선물이 되는 것입니다. 이 선물을 주시기 위하여 모세가 광야에서 뱀을 든 것 같이 하나님의 아들 예수 그리스도께서 십자가에 들리신 것입니다. 이와 같이 주 예수께서 십자가에 못 박히심은 그를 믿는 자마다 영생을 주시기 위함입니다.

## 4. 영생에 관한 가르침을 살펴봅시다(16-21절).

거듭남의 결과는 영생입니다. 앞서 이미 거듭남에 대한 결과가 영생임을 밝혔습니다.

"이는 그를 믿는 자마다 영생을 얻게 하려 하심이니라"(15절)

이제 좀 더 구체적으로 하나님께서 그 아들을 통해서 주신 영생에 관하여 알게 하십니다.

"하나님이 세상을 이처럼 사랑하사 독생자를 주셨으니 이는 그를 믿는 자마다 멸망하지 않고 영생을 얻게 하려 하심이라 하나님이 그 아들을 세상에 보내신 것은 세상을 심판하려 하심이 아니요 그로 말미암아 세상이 구원을 받게 하려 하심이라"(16-17절)

거듭남은 하나님께서 이 땅에 영생을 주심에 대한 결과이며 이는 하나님의 사랑으로 보내신 하나님의 독생자로 말미암습니다. 하나님께서는 세상을 심판하려 하심이 아닌 구원하시기 위하여 그의 독생자를 보내셨으며 그를 믿는 자는 멸망하지 않고 영생을 얻습니다.

그를 믿는 자는 심판을 받지 아니하나 믿지 아니하는 자는 벌써 심판을 받은 것입니다. 하나님의 아들은 이 땅에 빛으로 오셨으나 악을 행하는 자들은 1. 빛보다 어둠을 더 사랑하며(빛을 싫어함), 2. 빛을 미워하며, 3. 빛으로 오지 않습니다(빛을 거부함). 이는 그 행위가 드러날까 함입니다. 그러나 진리를 따르는 자는 빛으로 옵니다. 이는 그 행위가 하나님 안에서 행한 것임을 나타내려 함입니다.

## 묵상

01   니고데모는 어떠한 사람입니까? 니고데모가 밤에 찾아옴에 관하여 나누어
     봅시다.

02   거듭남의 교훈에 관하여 나누어 봅시다.

03   영생에 관한 교훈을 나누어 봅시다.

## 되새김

육으로 난 것은 육 일뿐입니다. 영으로 난 자만이, 곧 거듭난 자만이 하나님 나
라에 들어갈 수 있는 것입니다. 하나님 나라의 백성은 유대인이라는 혈통에 의
한 것이 아닌 유대인이나 이방인이나 성령으로 난 자라야 합니다(요 3:16-17).

PART

# 08

## 세례 요한의 증언 3
3장22~36절

**Key Point**

니고데모와의 대화를 통해서 중생에 대한 가르침을 주신 예수님의 증언에 이번 과를 통해서 세례 요한의 증언과 하늘 아버지의 증언을 얻습니다.

## 본문 이해

　유월절에 예루살렘 사역을 통해 성전을 정화하시고(요 2:13-22), 여러 표적을 행하시고(요 2:23), 니고데모와의 만남을 가지신 예수님께서는 유대 땅으로 가십니다. 이는 예수님의 초기 유대 사역으로 아직 요한이 옥에 갇히지 않은 때입니다(요 3:24). 요한복음을 통해서 가르치시는 예수님의 행적을 면밀하게 살펴야 할 것입니다.

　장소적인 이동에도 불구하고 내용적으로는 앞선 니고데모를 통한 중생에 대한 가르침은 세례 요한의 증언과 하나님께로부터 보내심을 받은 이로 말미암은 하나님의 증언을 통해 확증됩니다.

1. 예수님의 세례를 베푸심과 세례 요한의 세례를 베풂을 살펴봅시다(22-24절).

　예수님께서는 세례 요한에게 세례를 받으실 뿐만 아니라 이제 그의 제자들을 통해서 세례를 베푸셨습니다. 곧 예수님께서 제자들과 유대 땅으로 가서 거기 함께 유하시며 세례를 베푸실 때에 요한도 살렘 가까운 애논에서 세례를 베풀었습니다. 특별히 이 시기는 요한이 아직 옥에 갇히지 않은 시기로 예수님께서 갈릴리에 오셔서 하나님의 복음을 전파하시기 전임을 알 수 있습니다(막 1:14-15).

2. 요한의 제자 중에서 한 유대인과 더불어 정결 예식에 대하여 변론함을 살펴봅시다(25-26절).

　세례 요한의 제자와 유대인의 변론은 세례 자체에 대한 변론이 아닌 누가 크냐의 변론이었습니다. 한편으로 예수님께서 세례 요한에게 세례를 받으셨으니 세례 요한이 클 것이며, 다른 한편으로 세례 요한의 증거와 더불어 많은 사람들이 예수님께 세례를 받으므로 예수님이 크신 것입니다. 유대인과 변론하였던 요한의 제자는 스승에게 와서 한탄을 합니다. '선생님과 함께 요단 강 저편에 있던 이 곧 선생님이 증언하시던 이가 세례를 베풀매 사람이 다 그에게로 가더이다'

3. 요한의 증언에 관하여 살펴봅시다(27-30절).

　세례 요한의 증언은 자기 부인의 전형적인 모습을 보여줍니다. 그는 먼저 '만일 하늘에서 주신 바 아니면 사람이 아무 것도 받을 수 없느니라'고 하였습니다(27절). 이는 놀라운 고백입니다. 많은 사람들이 가진 것을 자신의 것으로, 자연스러운 것으로 압니다. 그러나 세례 요한은 하나님께서 주신 바가 아니면 사람이 아무 것도 받을 수 없음을 알게 합니다. 우리는 우리가 가진 것이 내 것인 양 생각하는 어리석음에서 벗어나야 합니다. 내 것이 나 자신의 것이 아님을 알아야 합니다. 이는 자신이 아무것도 아니라는 고백이 됩니다. 'nothing'의 고백을 가진 자는 'anything'의 삶을 살고 더 나아가 'something' 이 되는 것입니다. 나는 아무것도 아님을 아는 자가 어떠한 자가 되고 더 나아가 특별한 자가 되는 것입니다.

세례 요한의 두 번째 증언은 자신은 그리스도가 아니며 그의 앞에 보내심을 받은 자라 하였습니다. 그리고 이것을 증언할 자들이 바로 세례 요한의 제자들인 것입니다. 세례 요한의 제자들로 남아 있는 자들에게 남겨진 사명 또한 세례 요한이 그리스도의 앞서 보내심을 받은 자라고 증언하는 일인 것입니다. 세례 요한은 다시금 자기 부인을 보입니다. 그는 그리스도가 아닌 것입니다.

많은 사람이 그리스도가 되려고 합니다. 어떠한 그리스도입니까? 그리스도가 아닌 자신이 드러나는 그리스도입니다. 내가 나타내야 할 것은 하나님이십니다. 하나님이 하셨다는 것입니다. 하나님이 일하시는 것입니다. 하나님의 솜씨라는 것입니다. 하나님의 능력이라는 것입니다. 하나님의 역사라는 것입니다. 이것이 바로 나는 그리스도가 아니라는 것입니다. 그러나 많은 사람들은 여전히 내 힘이고 내 자랑이고, 내 능력이라고 외칩니다. 그렇게 나타내는 것입니다.

진실된 믿음의 사람들의 특징은 자신을 나타내는 것이 아닌 그리스도를 나타내고, 그리스도를 자랑합니다. 이것이 바로 믿음의 사람들의 특징입니다.

세례 요한의 세 번째 증언은 기쁨의 자기 부인입니다. 신부를 취하는 자는 신랑이나 서서 신랑의 음성을 듣는 친구가 크게 기뻐합니다. 세례 요한은 자신이 신랑이 아닌 신랑의 친구로서 기쁨이 충만함을 증언합니다. 세례 요한의 기쁨은 자기로 말미암은 것이 아닌 그리스도로 말미암은 기쁨입니다. 이는 기쁨의 자기 부인입니다.

세례 요한의 네 번째 증언은 자기 비하의 자기 부인입니다. 이는 세례 요한의 자기 부인의 절정입니다. 그리스도의 자기 비하와 그리스도의 비움과 그리스도께서 낮추심에 비하면 아무것도 아닌 것이지만 인생에게는 이 세례 요한의 자기 비하가 우리들의 신앙의 모델이 되기에 귀합니다.

"그는 흥하여야 하겠고 나는 쇠하여야 하리라"(30절)

## 4. 그리스도와 세례 요한의 비교를 살펴봅시다(31-36절).

위로부터 오시는 이는 만물 위에 계십니다(31절). 위로부터 오시는 이는 다시 한번 하늘로부터 오시는 이라 말씀하십니다(31절). 그는 만물 위에 계시고 그가 친히 보고 들은 것을 증언하십니다. 그는 그리스도를 나타내며 하늘에 속하여 하늘에 속한 것을 말하나 땅에서 난 이는 세례 요한 자신을 말하며 그는 땅에 속하여 땅에 속한 것을 말합니다. 그가 친히 보고 들은 것을 증언하되 그의 증언을 받는 자가 없습니다.

이는 빛이 어둠에 비치되 어둠이 깨닫지 못함이며(요 1:5), 자기 땅에 오매 자기 백성이 영접하지 않음입니다(요 1:11). 그러나 그의 증언을 받는 자는 영접하는 자 곧 그 이름을 믿는 자들이며 이들에게 하나님의 자녀가 되는 권세를 가지며(요 1:12), 하나님이 참되시다는 것을 인치는 자입니다. 주의 증언을 받는 것과 하나님이 참되시다는 것을 고백하는 것은 구분된 것이 아닙니다. 오직 그의 증언을 받을 때에 하나님이 참되시다는 것, 그의 메시지가 참되시다는 것을 믿는다고 확인되는 것입니다.

위로부터 오시는 이, 하늘로부터 오시는 이는 곧 하나님이 보내신 이입니다(34절). 예수 그리스도는 위로부터 오시는 이시며(요 3:31), 하늘로부터 오시는 이시며(요 3:31), 하나님이 보내신 이가 되십니다(요 3:34). 그는 친히 보고 들은 것을 증언하시며(요 3:32), 하나님의 말씀을 하시니 이는 하나님이 성령을 한량없이 주심입니다(요 3:34).

아버지께서 아들을 사랑하사 만물을 그의 손에 주셨으므로 아들을 믿는 자에게는 영생이 있고 아들에게 순종하지 아니하는 자는 영생을 보지 못하고 도리어 하나님의 진노가 그 위에 머물러 있습니다. 세례 요한은 임박한 종말론을 전하나 예수 그리스도는 실현된 종말론을 전합니다.

## 묵상

01 요한이 아직 옥에 갇히지 않은 시기는 언제입니까?

02 '그는 흥하여야 하겠고 나는 쇠하여야 하리라'는 세례 요한의 고백에 관하여 나누어 봅시다.

03 하늘로부터 오시는 이의 증언에 관하여 나누어 봅시다.

## 되새김

니고데모와의 대화를 통해서 알게 하신 중생에 대한 가르침은 이번 과를 통해서 세례 요한의 증언과 하나님의 보내신 예수 그리스도의 증언을 통해서 확증됩니다. 그 증언은 곧 아들을 믿는 자에게는 영생이 있고 아들에게 순종하지 아니하는 자는 영생을 보지 못하고 도리어 하나님의 진노가 있다는 것입니다.

# 예수님과 사마리아 여인 1
## 4장1~15절

## Key Point

유대를 떠나 다시 갈릴리로 가실 때에 예수님께서는 사마리아를 통과하며 한 여인을 만나게 됩니다. 우물가에 물을 길으러 온 사마리아 여인에게 예수님께서는 다시 목마르지 않는 영생하도록 솟아나는 샘물이 되는 물에 관하여 말씀하십니다.

3장에서 중생에 관하여 유대교의 율법주의자이며 지도자인 니고데모와 대화를 통하여 가르치셨다면 4장에서는 사마리아의 여인과의 대화를 통해서 보다 깊어집니다. 유대인의 지도자인 니고데모와 나누셨던 말씀보다 더 깊이 있는 내용들이 사마리아 여인과의 대화를 통해서 이루어집니다.

4장은 예수님의 새로운 행적을 보여주십니다. 공생애 첫 번째 유월절에 이루어진 예루살렘 방문과 유대 사역을 마치시고 유대를 떠나 갈릴리로 향하실 때에 사마리아를 통과하십니다. 사마리아 사역은 매우 이례적인 사역임을 주목해 보아야 합니다.

마태복음 10장의 제자 파송 설교에서는 사마리아 전도를 금하시고 있고 누가복음은 선한 사마리아 사람 등 사마리아인들에 관하여 긍정하지만(눅 10:30-37, 17:11-19) 요한복음은 더욱 적극적으로 사마리아 선교가 행하여짐을 봅니다.

사마리아 여인과의 첫 번째 대화의 주제는 '물'입니다. 이 물은 영생하도록 솟아나는 샘물이 되는 물임에도 불구하고 구체적으로 그것이 무엇인지는 보류합니다.

■ 요한복음 4장의 구조적 이해

요 4:1-42: 예수님과 사마리아 여인

요 4:43-45: 갈릴리에 이르심

요 4:46-54: 왕의 신하의 아들을 고치심-두 번째 표적

1. 예수께서 제자를 삼고 세례를 베푸시는 것이 요한보다 많다 하는 말을 바리새인들이 들음을 살펴봅시다(1-2절).

　세례 요한은 '그는 흥하여야 하겠고 나는 쇠하여야 하리라'(요 3:30) 하였습니다. 그의 말대로 그의 사역은 예수님의 사역에 비해 점점 쇠하여져 갔습니다. 이는 많은 사람들이 예수님을 따랐기 때문입니다. 예수님께서 제자를 삼고 세례를 베푸시는 것이 요한보다 많다 하는 말을 바리새인들이 들었으며 예수님께서는 이를 아셨습니다. 이는 예수님께서 유대를 떠나 갈릴리로 향하시는 계기가 됩니다.

2. 예수님께서 유대를 떠나 갈릴리로 가실새 사마리아를 통과하심을 살펴봅시다(3-6절).

　우리는 한 가지 사실을 명백히 알아야 합니다. 우리가 주님을 만난 것이 아니라 주께서 우리에게 찾아오신 것입니다. 모든 만남의 이야기의 시작은 우리가 주님을 찾고 만남으로 시작되는 것이 아니라 주께서 이 땅에 오심을, 또한 더 확연하게 가르쳐 주시기 위하여 주님께서 각 성에, 각 사람에게 나아가심으로 말미암아 이 만남의 이야기가 시작되는 것입니다.

인생의 지혜는 하나님을 찾을 수 없고, 또한 만날 수 없습니다. 인생의 허물과 죄는 하나님 앞에 나아갈 수 없는 것입니다. 그러므로 하나님의 은혜와 사랑이 아니고는 이 만남이 이루어질 수 없음을 우리는 알아야 합니다.

주님께서는 유대를 떠나 갈릴리로 가실 때에 사마리아를 통과하게 되십니다. 이는 중대한 구절로 단순히 예수님께서는 유대를 떠나 갈릴리로 가셨다는 것이 아니라 예수님의 초기 유대 사역을 마치시고 갈릴리로 가심을 알게 하십니다.

주님께서 사마리아에 들어오셨습니다. 주님께서 사마리아에 있는 수가라 하는 동네에 이르시게 됩니다. 주님께서는 우물가에 피곤하여 앉아계셨지만 실상은 한 여인을 그곳에서 기다리신 것입니다.

3. 예수님과 사마리아 여인과의 만남을 살펴봅시다(7-8절).
① 비천한 자와의 만남
주님께서 만나실 때에 가장 비천한 여인과 만남을 보여줍니다. 이는 우리들에게 소망을 주시는 것입니다. 주님께서 존귀한 자를 만나시지 않으시고 비천한 자를 만나심으로 말미암아 이 땅에 모든 사람들을 하나님과의 만남에서 소외시키지 않으심을 보여주시는 것입니다.

② 일상의 만남

이때에 사마리아 여자 한 여인이 물을 길러왔습니다. 이 여인의 일상의 삶이었습니다. 그러나 이 여인은 자신의 이러한 일상의 삶 속에서 주님을 만나는 놀라운 경험을 하게 되는 것입니다. 하나님과 만남의 여러 가지 형태가 있습니다. 이 여인은 평범하게 자신의 일상의 삶 속에서 주님을 만난 것입니다.

③ 말씀의 깊어짐

우리 주님과의 대화와 교제는 사소함으로부터 시작됩니다. 아직 우리는 모든 것을 받아들일 준비가 되지 않았습니다. 믿음도 신앙도 부족합니다. 그러나 주님과의 대화와 교제는 우리를 더욱 강건케 하실 것이며 우리들의 삶의 의미에까지 이르게 하실 것입니다. 이것이 바로 우리 주님의 인도하심입니다.

"내가 어렸을 때에는 말하는 것이 어린 아이와 같고 깨닫는 것이 어린 아이와 같고 생각하는 것이 어린 아이와 같다가 장성한 사람이 되어서는 어린 아이의 일을 버렸노라"(고전 13:11)

4. 예수님께서 물을 좀 달라 하심을 살펴봅시다(7-8절).

"물을 좀 달라"

전능하신 하나님이 육을 입어 한 모금의 물을 필요로 하는 사람이 되셨습니다. 주님 또한 연약한 육체를 가지셨기에 목마르셨습니다. 그리고 그는 지금 저 사마리아의 비천한 여인의 손에 의해 물을 건내 받을 것을 구하시는 것입니다. 예수님께서 십자가 위에서 하신 말씀, '내가 목마르다'(요 19:28)는 말씀은 그가 육으로서 사셨고 인생의 고통을 맛보았음을 우리들에게 상기시키는 말씀입니다. 그분은 우리들의 모든 기대에도 불구하고 여전히 한 인생이셨으며 인생으로서 그 모든 십자가와 어려움을 감당하신 것입니다.

"우리에게 있는 대제사장은 우리의 연약함을 동정하지 못하실 이가 아니요 모든 일에 우리와 똑같이 시험을 받으신 이로되 죄는 없으시니라"(히 4:15)

우리들 가운데 예수님께서 찾아오셔서 물을 좀 달라 하신다면 우리들은 반응은 어떠하겠습니까? 이 땅에서 예수님께 도움을 준 사람들은 많이 있습니다. 마리아는 그의 향유를 주님께 부었습니다. 구레네 시몬은 예수님의 십자가를 대신 지었습니다. 마르다는 예수님께 음식으로 대접하였습니다. 만일 이 사마리아 여인이 기꺼이 주님께 물을 드렸다면 그녀 또한 주님께 드렸던 여러 사람들 중의 한 사람이 되었을 것입니다. 우리가 무언가로 저마다 가진 것으로 우리 예수님께 드릴 수 있다는 것은 참으로 행운스러운 것입니다. 다음의 말씀을 기억해야 할 것입니다.

"내가 주릴 때에 너희가 먹을 것을 주었고 목 마를 때에 마시게 하였고 나그네 되었을 때에 영접하였고 벗었을 때에 옷을 입혔고 병들었

을 때에 돌아보았고 옥에 갇혔을 때에 와서 보았느니라"(마 25:35-36)

5. 여인의 비아냥거림과 상처로 말미암은 첫 번째 질문을 살펴봅시다(9절).

사마리아 여인은 예수님께서 유대인인 것을 금방 알았습니다. 아마도 예수님의 억양이나 예수님의 복장으로 쉽게 예수님께서 유대인이라는 것을 사마리아 여인은 알았을 것입니다. 사마리아 여인은 물을 좀 달라는 예수님의 청함에 관하여 매우 적대감을 가지고 대하였습니다.

아직 이 여인은 그가 누구신지 알 수 없는 것이며 너무나 의아스럽기만 한 것입니다. 이 여인에 눈에는 이 지치고 곤한 사람이 유대인으로서 이 사마리아 땅에 들어와 있는 것이 너무도 의아스러웠습니다. 그것보다도 더 이해할 수 없는 것은 그가 유대인으로 그들이 그토록 더럽게 여기는 사마리아인에게, 천한 여자에게 말을 걸고 또한 부탁하는 것입니다.

"당신은 유대인으로서 어찌하여 사마리아 여자인 나에게 물을 달라 하나이까"(9절)

여인의 말속에는 겸손보다는 오랜 반목으로 인한 미움이 배어 있었습니다. 사마리아인으로서 민족적으로 천시받고 여인으로서 계층적으로 천시받고 그의 문란한 생활로 인해 사회적으로 천시받는 저 여인에게 자비로움을 요구할 수는 없는 것입니다. 그 중심에 아픔과 상처뿐인 여인은 그의 의아로움 속에 한없이 퉁명스러운 것입니다.

　여인의 놀람과 그의 반응에도 불구하고 예수님은 자애로움으로 저를 대하셨습니다. 아픔과 상처가 깊을수록 그 모든 것을 품으시는 우리 예수님이신 것입니다. 그녀의 아픔과 상처를 예수님께서는 품으시는 것입니다. 우리는 세상의 퉁명스러움과 무감각과 미움을 통해서 실망해서는 안될 것입니다. 그러한 곳이 바로 세상입니다. 저들 가운데 있는 아픔과 상처를 오히려 품어야 할 것입니다.

6. 여인의 질문에 대한 예수님의 첫 번째 대답을 살펴봅시다(10절).
　"예수께서 대답하여 이르시되 네가 만일 하나님의 선물과 또 네게 물 좀 달라 하는 이가 누구인 줄 알았더라면 네가 그에게 구하였을 것이요 그가 생수를 네게 주었으리라"(10절)

　예수님의 부탁은 사소한 것이며 무례하지 않았습니다. 그러나 여인의 말은 매우 경멸적인 말이 아닐 수 없습니다. 매우 무례하고 예의 없는 말입니다. 그러나 주님께서는 이러한 여인의 말에 책망하시지 않으시고 다시금 말씀하십니다.

　주님께서 여인에게 구한 물은 육신을 위한 물입니다. 그러나 주님께서는 지금 육신을 위한 물이 아닌 생명을 위한 물을 말씀하십니다. 하나님께서는 주시는 물은 은혜로 말미암은 하나님의 선물이 됩니다. 값없

**101**

이 주어지는 사랑과 긍휼로 말미암는 하나님의 선물입니다.

앞서 니고데모와의 대화에서 '사람이 물과 성령으로 나지 아니하면 하나님 나라에 들어갈 수 없느니라'고 하셨습니다. 물은 곧 성령을 상징하는 바로 여인과의 대화는 물로 시작하였지만 예수님께서는 이 물을 통해서 성령을 가르치십니다.

주님께서는 이 무례한 여인을 향하여 책망하시지 않은 이유가 무엇입니까? 예수님께서 단순히 피곤하셨기 때문이 아닙니다. 예수님께서는 온유한 사람이었기 때문에 그리했을까요? 예수님께서 온유하시기 때문이라고만 생각해서도 안될 것입니다. 이것은 단지 성품을 가르치시는 말씀이 아니기 때문입니다.

우리는 세상에 복음을 전할 때에 세상 사람들이라고 멸시하고 무시하는 것이 아니라 그가 만일 하나님을 만났더라면, 하나님을 알았더라면 나보다 더 주를 섬기고 나보다 더 열심하고 나보다 더 충성될 것이라고 생각함으로 전도하여야 할 것입니다. 우리는 누구에게 복음을 전하는 것입니까? 나보다 더 충성되고, 나보다 더 주를 사랑할 자에게 복음을 전하는 것입니다.

안드레는 베드로를 주님께 인도하였습니다. 베드로는 안드레보다 더 열정적으로 믿는 사람이 되었습니다. 베드로는 안드레보다 더 귀하게 쓰임을 받은 자가 되었습니다.

사마리아 여인은 어떠한 여인이 되었습니까? 여인은 예수님께서 메시야이심을 알았을 때에 물동이를 버려두고 동네로 들어가서 사람들에게 전도한 사람이 되었습니다. 비록 여인은 숨기고 싶은 과거가 있는 사람이었으며, 숨기고 싶은 현재가 있는 사람이었지만 그러한 과거와 현재도 주님을 드러내는 데에는 아무런 거리낌이 없었습니다.

"내가 행한 모든 일을 내게 말한 사람을 와서 보라 이는 그리스도가 아니냐"(29절)

요한복음 3장에서 사마리아의 여인과 정반대의 사람을 소개하였습니다. 그는 니고데모입니다. 유대인이며, 유대인의 지도자였습니다. 니고데모는 주님을 만났을 때에 어떠한 변화가 되었는지에 관하여 성경은 침묵합니다. 그가 변화되었을지라도 여기 사마리아 여인과 같이 분명하고 강력한 변화는 아니었습니다. 그러나 사마리아 여인은 분명한 변화가 있었습니다.

우리는 우리가 복음을 전하는 그가 사도 바울과 같은 사람이 될 줄 모르는 것입니다. 우리는 그가 베드로와 같은 사람이 될 줄 알지 못하는 것입니다.

7. 여인의 두 번째 질문을 살펴봅시다(11-12절).

"여자가 이르되 주여 물 길을 그릇도 없고 이 우물은 깊은데 어디서 당신이 그 생수를 얻겠사옵나이까 우리 조상 야곱이 이 우물을 우리에게 주셨고 또 여기서 자기와 자기 아들들과 짐승이 다 마셨는데 당신이 야곱보다 더 크니이까"(11-12절)

여인은 예수님의 상황을 인식시키며 예수님과 야곱을 비교합니다. 사마리아인의 조상 야곱은 그 후손들이 마실 우물을 주었고 그 우물은 모든 사람과 짐승까지 먹일 정도로 충분하였습니다. 이제 사마리아 여인은 이러한 야곱과 예수님을 비교합니다.

8. 여인의 질문에 예수님의 두 번째 대답을 살펴봅시다(13-14절).

"내가 주는 물을 마시는 자는 영원히 목마르지 아니하리니 내가 주는 물은 그 속에서 영생하도록 솟아나는 샘물이 되리라"(13-14절)

예수님께서는 여인에게 물 좀 달라 하셨지만 생수에 관하여 말씀하셨습니다. 여인은 물 길을 그릇도 없고 우물은 깊은 현실을 상기시켰지만 예수님께서는 말씀하시기를 이 물을 마시는 자마다 다시 목마르다 하셨습니다. 예수님께서 주시고자 하시는 물은 우물 속의 물이 아닙니다. 이 물은 영원히 목마르지 아니하는 물이며 영생하도록 솟아나는 샘물이 될 것을 말씀하셨습니다.

여인은 여전히 육적인 생각에 머물러 있었지만 예수님께서 영생의 가르침을 허락하시고 계신 것입니다.

## 9. 여인의 대답을 살펴봅시다(15절).

"여자가 이르되 주여 그런 물을 내게 주사 목마르지도 않고 또 여기 물 길으러 오지도 않게 하옵소서"(15절)

지금까지는 여인의 질문과 예수님의 답변으로 이루어졌습니다. 그러나 이제는 여인이 간구합니다. 여인은 드디어 예수님께서 말씀하시는 물에 대하여 말하였습니다. 비록 그 안에 믿음과 신앙이 결여되었다고 할지라도 육신의 물에 대한 이해를 넘어서고 있는 것입니다. 여전히 육을 위한 간구임에도 불구하고 여인은 새로운 물에 대하여 눈을 뜨기 시작한 것입니다.

01 예수님께서 사마리아 여인에게 물 좀 달라 하심에 관하여 나누어 봅시다.

02 사마리아 여인의 태도와 예수님의 반응에 관하여 나누어 봅시다.

03 두 종류의 물에 관하여 나누어 봅시다.

되새김

누가복음을 통해서 시몬이 어떻게 예수님을 만났는가를 보여준다면(눅 5장) 요한복음은 사마리아의 한 여인의 어떻게 예수님을 만났는가를 보여줍니다. 저들은 물고기와 물의 문제로 살았지만 예수님을 만나게 될 때에 새로운 삶이 시작되었습니다. 이 땅의 물은 영원한 물을 알기 위한 디딤돌이 됩니다.

PART

# 10

## 예수님과 사마리아 여인 2
### 4장16~26절

## Key Point

사마리아 여인과의 대화의 주제는 '물'이었습니다. 그러나 이제 대화의 주제는 '예배'로 전환됩니다. 죄 사함을 받은 사람들이 이제 배워야 할 바는 예배입니다. 하나님께서는 이렇게 참되게 예배하는 자들을 찾으십니다.

## 본문 이해

사마리아 여인과의 만남은 크게 세 부분으로 나누어집니다. 첫 번째 부분은 '물'에 관한 주제로 5-15절까지입니다. 이는 하나님의 선물과 샘물에 관한 교훈입니다. 이는 구원에 관한 말씀이며 생명에 관한 말씀입니다. 두 번째 부분은 '예배'에 관한 주제로 16-26절까지입니다. 세 번째 부분은 '추수'에 관한 주제로 27-42절의 말씀입니다. 이번 과는 이 중에 두 번째 부분으로 '예배'에 관한 주제를 다룹니다. 사마리아 여인이 물에 관한 관심에서 '예배'에 관한 관심을 가지는 것은 급작스럽습니다. 그러나 이는 우리들에게 새 생명을 얻게 된 자가 가지는 변화의 모습을 충분히 보여준다는 면에서 의미가 있습니다. 영생과 생명을 얻은 자가 가장 관심을 가져야 할 바는 예배입니다.

1. '가서 네 남편을 불러 오라' 하심을 살펴봅시다(16-18절).

예수님과 사마리아 여인과의 지금까지의 대화는 물에 관한 것이었습니다. 그러나 이러한 물에 관한 대화에서 갑작스러운 예수님의 질문에 대화의 주제와 흐름이 달라집니다. 대화의 주제는 물에서 벗어나게 되어 예배에 이르게 되며, 대화의 흐름은 사마리아 여인의 주도에서 예수님께서 주도함으로 바뀝니다.

예수님께서 네 남편을 불러 오라 하심에 사마리아 여자는 '나는 남편이 없나이다'라고 대답합니다. 이에 예수님께서는 모든 것을 이미 아시고 '네가 남편이 없다 하는 말이 옳도다 너에게 남편 다섯이 있었고 지금 있는 자도 네 남편이 아니니 네 말이 참되도다'(18절)라 말씀하셨습니다.

2. 사마리아 여자의 고백과 질문에 관하여 살펴봅시다(19-20절).
   "여자가 이르되 주여 내가 보니 선지자로소이다"(19절)

예수님과 대화하였던 사마리아 여인의 관심은 '물'에 있었습니다. 그러나 그녀가 예수님을 '선지자'로 고백하고 인정함이 있게 될 때에 주제는 '물'에서 '예배'로 전화됩니다. 단순히 물을 길으러 왔던 이 여인에 관하여 우리들이 알고 있는 것은 매우 제한적이지만 놀라운 것은 이 여인에게 가장 중요한 무엇은 바로 '예배'에 있었으며 이와 같이 예배를 소중히 여기는 한 여인의 변화가 놀라운 일을 일으키게 됩니다.

여인의 예배에 대한 관심은 예배의 장소에 있었습니다.

"우리 조상들은 이 산에서 예배하였는데 당신들의 말은 예배할 곳이 예루살렘에 있다 하더이다"(20절)

3. 예배에 대한 예수님의 가르침을 살펴봅시다(21-24절).
   "여자여 내 말을 믿으라"(21절)

원어에는 '내 말을 믿으라'가 아닌 '나를 믿으라'고 말씀하십니다. 이는 한편으로 예수님의 말씀을 믿으라는 가르침도 되지만 궁극적으로는 예수 그리스도를 믿음이 예배의 중심이 됨을 가르칩니다.

예배에 대한 사마리아 여인의 관심은 '장소적인 문제'였습니다. 사마리아인과 유대인의 반목됨은 그들의 예배의 장소의 차이를 가지고 왔습니다. 사마리아인들은 그리심 산에서 예배를 드렸고 유대인들은 예루살렘에 있었습니다. 예루살렘 성전에서 예배를 드렸던 유대인의 입장에서는 사마리아인들의 예배는 성전을 떠난 전혀 예배가 될 수 없는 것이었습니다. 그러나 예수님께서는 '이 산에서도 말고 예루살렘에서도 말고'라고 하심으로 예배의 중심 요소가 '장소'가 아니며 '장소'에서 초월하게 될 것을 말씀하십니다. 예배에 대한 중요한 요소는 '아버지'께 예배함입니다. 이는 예배의 대상입니다. 그러나 지금까지의 문제는 사마리아인들은 '알지 못하는 것'을 예배하였다는 것입니다. 그들은 구약 성경 전체를 믿지 않고 다만 모세 오경만 믿었습니다. 그들에게는 하나님을 예배함에 있어서 이방적인 요소가 혼재하여 있어서 결국 알지 못하는 것을 예배하였습니다. 그러나 유대인들은 하나님의 말씀을 맡은 자들로서 그들은 '아는 것'을 예배하였습니다. 이는 구원이 유대인에게서 나는 이유가 됩니다. 그러나 유대인의 예배 또한 참된 예배는 아닙니다. 아버지께 참된 예배는 무엇입니까?

"아버지께 참되게 예배하는 자들은 영과 진리로 예배할 때가 오나니 곧 이 때라 아버지께서는 자기에게 이렇게 예배하는 자들을 찾으시느니라 하나님은 영이시니 예배하는 자가 영과 진리로 예배할지니라"(23-24절)

참된 예배에 관한 가르침입니다. 예배는 '영과 진리'로 예배하여야 합니다. 영과 진리는 어려운 말씀이지만 '물과 성령'(요 3:5)의 말씀과 같이 성령 곧 진리로 예배드림을 가르칩니다. 이전에는 솔로몬의 성전에서 예배하였다면 이제는 성령으로 말미암아 마음의 성전됨으로 하나님께 예배를 드립니다. 하나님께서는 이렇게 참되게 예배하는 자들을 찾으십니다.

"너희는 하나님의 성전인 것과 하나님의 성령이 너희 안에 계시는 것을 알지 못하느냐"(고전 3:16)

"너희 몸은 너희가 하나님께로부터 받은 바 너희 가운데 계신 성령의 전인 줄을 알지 못하느냐 너희는 너희 자신의 것이 아니라 값으로 산 것이 되었으니 그런즉 너희 몸으로 하나님께 영광을 돌리라"(고전 6:19-20)

## 4. 예배에 대한 여인의 응답과 예수님의 말씀을 살펴봅시다(25-26절).

예배에 대한 예수님의 가르침에 사마리아 여인은 '메시야 곧 그리스도라 하는 이가 오실 줄을 내가 아노니 그가 오시면 모든 것을 우리에게 알려 주시리라'라 하였습니다. 아마도 사마리아 여인은 자신들의 예배 또한 온전한 예배가 아님에 대하서 알고 있었을 것입니다. 그리고 메시야 곧 그리스도께서 오셔서 온전한 예배의 회복을 가지고 오실 것을 기대하였을 것입니다. 그러므로 여인은 그리스도에 관하여 말하였습니다. 이에 예수님께서는 '네게 말하는 내가 그라' 하셨습니다. 이미 예수님께서는 여인에게 '나를 믿으라'(21절) 하셨으면 분명하게 자신을 드러내심으로 말씀을 맺고 있습니다.

## 묵상

01  사마리아 여인과의 대화에서 주제의 변화에 관하여 나누어 봅시다.

02  사마리아인의 예배의 문제에 관하여 나누어 봅시다.

03  영과 진리의 예배에 관하여 나누어 봅시다.

## 되새김

예배에 대한 참된 가치는 하나님께서 참되게 예배하는 자들을 하나님께서 찾으십니다. 아버지께 참되게 예배하는 자들은 영과 진리로 예배합니다. 성령은 영생하도록 솟아나는 샘물이 되시며 또한 진리의 성령으로 예배하게 하십니다.

# 11

## 예수님과 사마리아 여인 3
## 4장27~42절

## Key Point

사마리아 여인과의 만남의 세 번째 주제는 '추수'입니다. '물'에 관한 주제, '예배'에 관하여 주제에서 세 번째 주제로 전환됩니다. 이는 제자들이 가져야 할 삶의 변화를 보여줍니다. 참된 양식이 무엇인지, 추수의 의미가 무엇인지를 깨달아야 합니다.

사마리아 여인과의 만남은 크게 세 부분으로 나누어집니다. 첫 번째 부분은 물에 관한 주제로 5-15절까지입니다. 두 번째 부분은 예배에 관한 주제로 16-26절까지입니다. 세 번째 부분은 추수에 관한 주제로 27-42절의 말씀입니다. 이는 단순히 한 여인과의 만남이 아닌 믿음의 여정을 보여줍니다. 예수 그리스도를 믿음으로 말미암은 성령은 하나님의 선물과 같으며, 영생하도록 솟아나는 샘물과 같습니다. 성령은 또한 믿는 자에게 아버지께서 찾으시는 예배자가 되게 하십니다. 이제 이번 과는 세 번째 부분으로 '추수'에 관한 주제를 다룹니다. 구원은 자신에게 향한 것이며, 예배는 하나님께 향한 것입니다. 이제 추수는 세상을 향한 것입니다. 구원은 하나님의 선물이며, 예배는 하나님께서 찾으시며, 추수는 하나님의 뜻이며, 하나님의 일이십니다.

여인의 변화와 함께 예수님과의 관계가 달라졌습니다.

첫 번째 사마리아 여인이 본 예수님은 유대인이었습니다.
두 번째로 사마리아 여인이 본 예수님은 선지자였습니다.
세 번째로 사마리아 여인이 본 예수님은 그리스도였습니다.

유대인과의 대화에서 여인은 논쟁하였습니다.

선지자와의 대화에서 여인은 들었습니다.

그러나 그리스도 되신 예수님을 알게 되었을 때에 그는 논쟁하지도, 듣지도 않았습니다. 그가 행한 일은 전한 것입니다.

여인의 변화와 마찬가지로 이번 과는 제자들의 변화를 요구하십니다. 그들은 육적인 양식이 아닌 영의 양식이 있음을 알아야 합니다. 영의 양식은 아버지의 뜻을 온전히 이루는 것입니다. 이 땅에 추수가 있듯이 영적인 추수가 있음을 알아야 하며 이 추수에 참여하는 자가 되어야 합니다.

### 1. 제자들이 이상이 여김을 살펴봅시다(27절).

지금까지는 예수님과 사마리아 여인과의 대화를 통한 교훈이었으나 새로운 장면으로 전환됩니다. 곧 제자들이 등장하고 여인이 퇴장합니다. 먼저 먹을 것을 사러 동네에 들어갔던 제자들이 돌아왔습니다(8절). 제자들은 예수님께서 천대받는 사마리아 여인과 말씀하시는 것을 이상하게 여겼으나 무엇을 구하시나이까 어찌하여 그와 말씀하시나이까 묻는 자가 없었습니다. 이는 예수님에 대한 존경과 위엄으로 말미암은 것입니다.

### 2. 여자가 물동이를 버려 두고 동네로 들어감을 살펴봅시다(28절).

물에는 세 가지 의미가 있음을 알게 하십니다. 첫째는 소통의 수단으로서의 물입니다.

소통의 수단으로서의 물

영적 이해의 수단으로서의 물

버려야 할 물

주님께서는 베드로에게 깊은 데로 가서 그물을 던지라고 하셨습니다. 고기잡이는 소통의 수단이 되었습니다. 베드로의 관심은 말씀에 있지 않았습니다. 베드로의 관심은 고기잡이에 있었습니다. 고기를 잡는 것은 어부인 베드로와 깊은 소통의 주제가 됩니다. 우리는 이 세상이 무엇에 관심이 있는지 주의 깊게 살펴야 합니다. 그것은 분명히 소통의 수단이 되기 때문입니다. 이 세상의 관심을 알지 못하면 아무리 복음을 전하고 싶어도 전할 수 없습니다. 소통이 없이는 복음도 전할 수 없습니다. 먼저 소통이 되어야 합니다. 이웃과 먼저 소통하여야 합니다. 이웃과 아무런 교제도 없다가 성령 충만하여서 예수님 믿으라고 하면 예수님을 믿겠습니까? 먼저는 소통하여야 하는 것입니다. 이웃과 교제하고 교통하고 신뢰가 있어야 합니다.

그러나 주님께서는 베드로의 관심을 고기잡이에 머물게 하시지 않으십니다. 고기를 잡는 것은 이제 소통의 수단을 넘어 영적 이해의 수단이 됩니다. 주님께서는 베드로에게 네가 이제 사람을 낚으리라고 말씀하십니다. 육의 것은 영적인 것을 이해하는 데에 큰 도움을 줍니다. 음식을 먹으면 힘이 생깁니다. 동일하게 영의 양식을 먹으면 능력이 되는 것입니다. 우리는 육의 것을 통해서 영적인 것들을 이해할 수 있고 전할 수 있는 것입니다. 주님께서는 내 아버지 집에 거할 곳이 많도다라고 하였습니다. 주님께서는 수고하고 무거운 짐 진 자들아 다 내게로 오라 내가 너희로 쉬게 하리라고 하셨습니다. 이 땅의 거할 곳이 없는 자들에게 하늘에 거할 곳이 많음을 알게 하시고, 이 땅에 수고하고 무거운 짐 진 자들에게 영원한 안식을 약속하시기도 하십니다.

　육의 것은 소통의 수단이 되고, 영적 이해의 수단이 될 뿐만 아니라 이제 마지막으로 버려야 할 대상이 됩니다. 버린다 함은 우리의 비전으로부터 버림이 됩니다. 우리가 육의 것을 완전히 버린다 함을 가르치는 것이 아닙니다. 이는 우리의 삶의 우선순위의 변화입니다. 삶의 의미와 목적의 변화가 되는 것입니다. 베드로는 배를 버리고 주님을 따랐습니다. 사마리아 여인은 물동이를 버렸습니다. 거지 바디메오는 겉옷을 버렸습니다.

　주님은 우리들을 어떻게 만나시기 원하십니까? 주님께서는 우리들과 소통하며 만나기를 원하십니다. 우리들의 문제들을 들으시고 위로하시고 응답하심으로 우리들과 소통하십니다. 가난한 자들을 위로하시고, 고난 가운데 있는 자들을 위로하심으로 소통하십니다. 더 나아가 하나님께서는 우리들로 하여금 영적 깨달음으로 만나시기를 원하십니다. 우리들의 삶의 문제 속에 하나님의 뜻과 섭리가 있음을 알게 하심으로 우리들과 만나시기를 원하시는 것입니다. 문제가 해결되고, 해결됨으로만 하나님을 만나는 사람들은 진정으로 하나님을 만난 사람이 아닙니다. 하나님을 만나되 깊이 있게 만난 사람이 아닙니다. 하나님께서는 우리들의 삶의 문제들 속에서 하나님의 뜻과 섭리를 알게 하시는 것입니다. 하나님께서는 여전히 살아계심을 알게 하시며, 하나님께서 우리들을 지키심을 알게 하시며, 하나님께서는 우리들의 참된 공급자요, 보호자 되심을 알게 하십니다. 마지막으로 하나님께서 우리들을 만나시는 방식은 세상의 것, 이전의 것들을 버림으로 만나시기를 원하십니다.

"이 세상이나 세상에 있는 것들을 사랑하지 말라 누구든지 세상을 사랑하면 아버지의 사랑이 그 안에 있지 아니하니"(요일 2:15)

진정으로 하나님을 만난 사람은 잃어버린 사람입니다. 버린 사람입니다. 떠난 사람입니다. 세상을 잃어버림 없이, 버림 없이, 떠남 없이 하나님을 만날 수 없는 것입니다. 이러한 사람들은 어떠한 사람들입니까? 이전에는 삶의 여러 가지 문제들을 통해서 하나님을 만나더니 이제는 그러한 문제들 없이, 그러한 문제들을 떠나서 하나님을 만남이 되는 것입니다.

하나님은 우리들의 삶의 문제들 속에서 우리들과 소통하심으로 만나십니다. 하나님께서는 우리들의 삶의 문제들 속에서 하나님의 뜻과 섭리와 뜻을 알게 하심으로 우리들을 만나십니다. 하나님께서는 또한 우리들의 삶의 문제로부터 우리들로 하여금 자유케 하심으로 말미암아 우리들을 만나십니다. 가난으로 말미암아 힘들어 했던 사람들이 가난

이 전혀 문제가 되지 않는 것입니다.

이전에는 나의 삶의 문제가 커 보이더니 이제는 하나님이 커 보이는 것입니다. 이것이 진정으로 하나님을 만난 사람입니다.

하나님 나라에 가면 아무것도 아닐 우리들의 삶의 문제입니다. 높은 산에만 올라가도 우리가 사는 곳이 작아 보입니다. 높은 비행기에서 보면 우리들이 사는 곳은 개미만하게 보입니다. 인공위성으로는 우리들이 사는 지역은 보이지도 않습니다. 하나님 나라에서 우리들의 삶의 문제는 어떻게 보일까요? 하나님을 만나야 합니다.

### 3. 사마리아 여인의 전도를 살펴봅시다(28-30절).

물동이를 버려 두고 동네로 들어갔던 사마리아 여인은 사람들에게 내게 말한 사람을 보라 이는 그리스도가 아니냐 하였습니다. 여인은 그리스도를 나타내며 증거하기 위하여 기꺼이 자신의 연약함을 드러내었습니다. 이에 사람들이 동네에서 나와 예수님께로 나아왔습니다.

### 4. 양식에 관한 예수님의 교훈의 말씀을 살펴봅시다(31-38절).

물에 관한 가르침과 같이 양식에 관한 말씀 또한 영적인 교훈을 담고 있습니다. 제자들은 예수님께서 물질적인 육의 양식을 잡수소서하며 드렸지만 예수님께서는 '내게는 너희가 알지 못하는 먹을 양식이 있느니라'고 하셨습니다. 이에 제자들은 서로 말하기를 '누가 잡수실 것을 갖다 드렸는가' 하였으나 예수님께서는 이 양식이 무엇인지를 알게 하셨습니다.

"나의 양식은 나를 보내신 이의 뜻을 행하며 그의 일을 온전히 이루는 이것이니라 너희는 넉 달이 지나야 추수할 때가 이르겠다 하지 아니하느냐 그러나 나는 너희에게 이르노니 너희 눈을 들어 밭을 보라 희어져 추수하게 되었도다 거두는 자가 이미 삯도 받고 영생에 이르는 열매를 모으나니 이는 뿌리는 자와 거두는 자가 함께 즐거워하게 하려 함이라 그런즉 한 사람이 심고 다른 사람이 거둔다 하는 말이 옳도다 내가 너희로 노력하지 아니한 것을 거두러 보내었노니 다른 사람들은 노력하였고 너희는 그들이 노력한 것에 참여하였느니라"(34-38절)

## 5. 사마리아 사람들의 전도를 살펴봅시다(39-42절).

사마리아의 한 동네의 변화를 보여주십니다. 한 사람의 전도에 멈추는 것이 아닌 한 동네의 많은 사람들이 믿게 되었습니다. 이는 사마리아 여인이 '내가 행한 모든 것을 그가 내게 말하였다' 증언함으로 말미암습니다. 사마리아인들이 예수님께 와서 자기들과 함께 유하시기를 청하므로 예수님께서는 그 곳에 이틀을 유하셨습니다. 예수님의 말씀으로 말미암아 믿는 자가 더욱 많아 그들이 여인에게 말하기를 '이제 우리가 믿는 것은 네 말로 인함이 아니니 이는 우리가 친히 듣고 그가 참으로 세상의 구주신 줄 앎이라' 하였습니다.

01   예수님께서 가르치시는 '양식'에 관하여 나누어 봅시다.


02   추수할 때에 관하여 나누어 봅시다.


03   사마리아 사람들의 전도에 관하여 나누어 봅시다.


되새김

예수님의 양식은 자신을 보내신 이의 뜻을 행하며 그의 일을 온전히 이루는 것입니다. 그럼 제자의 양식은 무엇입니까? 제자들을 보내신 이의 뜻을 행하며 그 일을 온전히 이루는 것은 무엇입니까? 이미 희어져 추수할 때가 되었습니다. 이미 삯을 받았습니다. 하나님께서는 우리들로 거두는 자로 부르셨습니다.

PART

# 12

## 왕의 신하의 아들을 고치심
## 4장43~54절

### Key Point

왕의 신하의 아들을 고치심은 예수님께서 유대에서 갈릴리로 오신 후에 행하신 두 번째 표적입니다. 한편으로는 왕의 신하의 믿음에 관하여 보여주시나 다른 한편으로는 표적과 기사를 보지 못하면 도무지 믿지 못하는 자들에 대한 경고의 말씀입니다. 사마리아 사람들은 예수님의 말씀으로 믿었으나 왕의 신하는 기사와 표적으로 믿었습니다.

왕의 신하의 아들을 고치심은 또한 예수님의 행적의 한 이정표가 됩니다. 예수님께서는 베다니(요 1:28-29)와 갈릴리 가나(요 2:1-11), 가버나움(요 2:12), 예루살렘(요 2:13), 유대 땅(3:22), 사마리아(4:3-4)를 거쳐 다시 갈릴리 가나에 이르신 것입니다(요 4:46). 가나의 혼인 잔치, 니고데모와의 만남, 사마리아 여인과의 만남, 왕의 신하의 아들을 고치심에 관한 말씀 등은 공관복음에 나타나지 않는 예수님의 초기 사역에 관하여 전합니다. 이번 과는 이러한 예수님의 초기 사역이 마무리되는 말씀으로 요한복음에 나타나는 두 번째 표적인 왕의 신하의 아들을 살리심에 관하여 전합니다.

**예수님의 초기 사역**

가나 혼인 잔치: 첫 번째 표적

니고데모와의 만남

사마리아 여인과의 만남

왕의 신하의 아들을 고치심: 두 번째 표적

1. 예수님께서 갈릴리에 이르심을 살펴봅시다(43-45절).

수가 성 사마리아 여인과의 만남과 사마리아에 이틀을 머무신 주님께서 갈릴리로 향하셨습니다. 예수님께서는 갈릴리로 향하실 때에 자신의 사역 전에 자신이 받을 대우들에 관하여 알고 계심을 밝히였습니다. 주님께서는 '선지자가 고향에서 높임을 받지 못한다'고 하시며 이 갈릴리로 향하셨음을 주목해 보아야 합니다. 예수님께서 그곳에서 인정함을 받으심을 기대하시며 가신 것이 아닙니다.

그러나 예수님의 이러한 말씀과 달리 갈릴리에 이를 때에 갈릴리인들이 예수님을 영접하였습니다. 이는 그들이 명절에 갔다가 예수님께서 명절 중 예루살렘에서 하신 모든 일을 보았기 때문입니다(요 2:23-25). 사마리아인들이 예수님의 말씀을 듣고 믿음에 반해 유대인들은 그 표적을 보고 믿음을 살필 수 있습니다.

"갈릴리에 이르시매 갈릴리인들이 그를 영접하니 이는 자기들도 명절에 갔다가 예수께서 명절 중 예루살렘에서 하신 모든 일을 보았음이더라"(45절)

## 2. 왕의 신하의 구함을 살펴봅시다(46-48절).

예수님께서 다시 갈릴리 가나에 이르셨습니다. 이곳은 전에 예수님께서 첫 번째 표적을 통해서 물로 포도주를 만드신 곳입니다. 왕의 신하의 아들이 가버나움에서 병들어 거의 죽게 되었더니 그가 예수님께서 유대로부터 갈릴리로 오셨다는 것을 듣고 가서 청하여 내려오셔서 내 아들의 병을 고쳐 주소서 하였습니다. 이에 예수님께서는 '너희는 표적과 기사를 보지 못하면 도무지 믿지 아니하리라' 하셨습니다. 이는 책망의 말씀이기도 하고 탄식의 말씀이기도 합니다.

## 3. 왕의 신하의 믿음을 살펴봅시다(49-50절).

신하는 예수님께서 반복해서 간구하였습니다. '주여 내 아이가 죽기 전에 내려오소서' 이에 예수님께서는 '가라 네 아들이 살아 있다' 하셨습니다. 여기 왕의 신하의 놀라운 믿음이 나타납니다. 왕의 신하는 예수님의 말씀을 듣고 믿음으로 돌아갔습니다. 자기의 고집을 내세우지 않았습니다. 자신의 경험과 자신의 뜻을 주장하지 않고 오직 주님께서 하신 말씀을 믿고 돌아가게 됩니다. 우리들 또한 하나님의 말씀을 그대로 믿는 믿음이 있어야 할 것입니다.

## 4. 왕의 신하의 아들의 치유의 두 번째 표적을 살펴봅시다(51-54절).

왕의 신하는 가벼나움으로 내려가는 길에서 그 종들을 만났습니다. 종들은 아이가 살아 있다는 소식을 전하였습니다. 이에 왕의 신하는 묻기를 그 낫기 시작한 때가 어제 일곱 시에 열기가 떨어졌다고 하였습니다. 왕의 신하는 하룻길을 돌아오는 길이었고 마찬가지로 종들도 하룻길을 왕의 신하에게 이 일을 전하기 위하여 마중 나온 것입니다.

종들은 이 사건의 의미를 알지 못하였습니다. 그들에게는 그저 왕의 신하의 아들이 열병으로 고생하다가 나은 사건입니다. 그들에게는 기쁜 소식으로 왕의 신하에게 빨리 전해주고픈 마음이었습니다.

그러나 왕의 신하에게 이 사건은 단지 자신의 아들이 나음을 입은 고마운 사건이 아닙니다. 이 사건은 바로 예수님께서 그리스도 주시라는 표적이 되는 것입니다. 왕의 신하는 예수께서 네 아들이 살아 있다 말씀하신 그 때인 줄 알고 자기와 그 온 집안이 다 믿게 됩니다.

요한복음은 왕의 신하의 아들이 치유된 이 사건을 예수님께서 유대에서 갈릴리로 오신 후에 행하신 두 번째 표적이라고 정리합니다.

왕의 신하의 아들을 고치심의 말씀은 가까이는 가나 혼인 잔치로부터 시작된 예수님의 사역의 연속된 메시지의 결과이며, 멀게는 서문 이후에 세례 요한의 증언으로부터 시작된 예수님의 초기 사역을 마무리하는 말씀입니다. 갈릴리인들의 영접은 사마리아 사람들과 같은 말씀으로 말미암는 참된 믿음이 아닌 표적으로 인한 불완전한 믿음이며, 예수님께서는 선지자가 고향에서 높임을 받지 못함을 아시고도 다시 갈릴리로 향하심은 그의 부르심에 대한 응답이며 장차 이루어질 십자가의 대속을 향하신 것입니다.

## 묵상

01  갈릴리 사람들이 예수님을 영접한 이유는 무엇입니까?

02  왕의 신하의 믿음과 사마리아 사람들의 믿음을 비교하여 봅시다.

03  예수님의 초기 유대-갈릴리 사역에 관하여 나누어 봅시다.

## 되새김

갈릴리 사람들이 영접하며 왕의 신하의 믿음은 사실 온전한 믿음이 아닙니다. 그들의 믿음의 근거는 말씀으로 말미암은 것이 아닌 표적과 기사로 말미암기 때문입니다. 왕의 신하는 예수님의 말씀을 믿고 갔지만 온전한 믿음은 가버나움에서 있었습니다. 이로써 성경은 참된 믿음은 무엇인가를 가르칩니다.

# 요한복음 (상)

## 본론 1: 표적의 책(1:19-12장)

### 명절을 온전케 하신 그리스도
(5-10장)

PART

# 13

# 38년 된 병자의 치유 1
## 5장1~9절

## Key Point

잠시 예수님의 갈릴리 사역을 전하였으나 다시 예루살렘의 사역을 통해서 예수 그리스도의 신성을 나타냅니다. 이번 과는 요한복음에 나타나는 7가지 표적 중의 세 번째인 베데스다의 38년 병자의 치유 사건을 중심으로 예수 그리스도의 하나님의 아들 되심을 증언합니다.

## 본문 이해

'표적의 책'의 첫 번째 부분인 예수 그리스도의 초기 사역(1장19절-4장)의 말씀으로 마치고 5-10장까지는 명절을 배경으로 말씀하십니다. 이는 예수 그리스도를 명절을 통해서 계시하심을 알게 하시는 것입니다. 예수 그리스도의 의미를 안식일(5장), 유월절(6장), 초막절(7-9장), 수전절(10장)을 통해서 계시하십니다.

앞선 성전 정화 사건이 유월절과 관련되기도 하나 38년 된 병자 치유의 말씀부터는 '유대인의 명절'이라는 구분을 합니다(요 5:1, 6:4, 7:2). 그러나 38년 된 병자의 치유에 있어서는 구체적인 명절에 대한 지칭이 없는데 이는 한편으로 38년 된 병자의 치유 이야기가 구체적인 명절과 직접적인 관련이 없기 때문이며, 다른 한편으로는 '안식일 논쟁'을 통해서 명절 메시지를 시작하는 것입니다. 이와 같은 예는 이스라엘의 7대 절기를 소개하는 구약의 본문과도 동일합니다(레 23:1-3, 이하 레위기 23장 참조).

### ■ 요한복음의 7개의 표적

요한복음은 예수님의 이적을 '표적'(쎄메이아)이라 부르며 총 7개의 이적에 관하여 전합니다. 공관복음의 이적이 권능을 나타낸다면 요한복음의 이적은 '표적'으로 예수 그리스도의 신성을 나타내며 이를 믿게 하십니다.

① 가나의 혼인잔치(2:1-12)
② 왕의 신하의 아들의 치유(4:43-54)
③ **베데스다 연못의 38년 병자의 치유(5:1-18)**
④ 오병이어의 이적(6:1-15)
⑤ 물 위를 걸으심(6:16-21)
⑥ 실로암 맹인의 치유(9:1-12)
⑦ 죽은 나사로를 살리심(11:1-45)

요한복음 5장은 크게 5가지의 내용으로 구성되어 있습니다. 그 내용은 치유, 논쟁, 권한, 증언, 책망입니다.

**1. 베데스다 38년 병자의 치유**
2. 안식일 논쟁
3. 아들의 2가지 권한
4. 예수 그리스도를 위한 증언들
5. 유대인들을 향한 예수님의 책망

앞선 말씀에서 예수님께서 초기 유대 사역을 마치시고 갈릴리로 돌아오셨으나 갈릴리의 사역에 관하여서는 생략하고 다시 예루살렘에 올라오셔서 행한 치유에 관하여 전합니다. 6장이 파송된 제자들이 돌아온 후에 일어난 오병이어의 사건임을 통해 예수님의 제1차 갈릴리 사역(부르심)과 제2차 갈릴리 사역(택하심), 제3차 갈릴리 사역(파송)이 생략/축소된 것임을 알 수 있습니다.

이 38년 된 병자의 치유 사건은 요한복음에 나타나는 7가지 표적 중에 세 번째 표적으로 예수 그리스도의 신성을 증언하며 이러한 증거는 5장의 치유 이후의 모든 내용과 일치합니다. 38년은 이스라엘의 광야 방랑의 기간과도 같습니다. 명절이 되고, 안식일이 되었음에도 불구하고 치유되지 못하고 안식하지 못한 한 병자에게 치유가 나타났습니다. 이 치유는 예수님의 능력이 아닌 예수님께서 하나님의 아들 되심을 증거하는 것입니다.

베데스다의 38년 된 병자의 치유는 그 시기와 정황 모두가 모호합니다. 번역된 성경의 일부는(요 5:3-4) 초기 사본에는 없는 읽기입니다. 고고학적으로도 천사는 하나님의 천사라 확증할 수 없습니다. 오히려 고고학적으로 이 연못은 치료의 신인 아스클로피오스에게 바쳐진 곳으로 여겨집니다. 유대인들은 그곳에서 하나님의 천사의 역사를 기대하였을 것이며, 이방인들은 이 기이한 연못에서 그들의 구세주인 아스클로피오스의 치료를 원하였을 것입니다.

■ 요한복음 5장의 구조적 이해
　요 5:1: 예수님께서 예루살렘에 올라가심

요 5:2-9: 베데스다의 38년 된 병자의 치유

요 5:10-18: 안식일 논쟁

요 5:19-30: 아들의 두 가지 권한

요 5:31-40: 예수 그리스도를 믿게 하는 증언들

요 5:41-47: 유대인을 향한 예수님의 책망하심

## 1. 예수님께서 예루살렘에 올라가심을 살펴봅시다(1절).

"그 후에 유대인의 명절이 되어 예수께서 예루살렘에 올라가시니라"(1절)

주님께서는 유대인의 명절에 예루살렘에 올라가셨습니다. 이는 예수님의 공생애 사역 가운데 요한복음에 나타난 두 번째 예루살렘 행입니다. 첫 번째 예루살렘 행은 시기적으로 공생애 초기 유대 사역 중으로 그 시기와 유월절이라는 구체적인 명절이 분명합니다. 그러나 두 번째 예루살렘 행은 그 시기에 있어서도 명절에 있어서도 분명하지 않습니다. 유대인의 명절에는 부림절, 유월절, 나팔절, 칠칠절, 초막절, 수전절 등으로 생각할 수 있는데 어떠한 명절인지는 분명하지 않습니다.

사람들은 아마도 자신들의 명절을 보내느라 분주하였을 것입니다. 그러나 사실 이 명절은 주님을 향한 것이었습니다. 주님 자신을 이 땅에 드러내기 위한 명절이었습니다. 그러나 사람들은 이를 알지 못하였습니다. 주님께서 베데스다에 오셨으나 주님은 주목받지 못하였습니다.

주님께서는 빛으로 이 세상에 오셨으나 어두움에 속한 이 세상은 빛으로 오신 주님을 알지 못하였습니다.

"빛이 어둠에 비치되 어둠이 깨닫지 못하더라"(요 1:5)

"참 빛 곧 세상에 와서 각 사람에게 비추는 빛이 있었나니 그가 세상에 계셨으며 세상은 그로 말미암아 지은 바 되었으되 세상이 그를 알지 못하였고 자기 땅에 오매 자기 백성이 영접하지 아니하였으나"(요 1:9-11)

'그 후에'(5장1절)라는 시간적인 간격은 다시 6장1절에서 '그 후에'라는 말씀의 반복으로 5장의 베데스다 연못의 이적이 독립적인 한 사건임을 증언합니다. 좀 더 구체적인 시기는 흐릿합니다. 구체적으로 어떠한 명절인지 알 수 없고 다만 '유대인의 명절'이라고만 증언합니다.

## 2. 베데스다 연못에 관하여 살펴봅시다(2~4절).

시간적인 모호함에 비해 장소적으로는 구체적으로 전합니다. 예루살렘에 있는 양문 곁에 히브리 말로 베데스다라 하는 못이 있는데 거기에 행각 다섯이 있었습니다.

첫째, 베데스다는 긍휼의 집이라는 뜻입니다. 베데스다의 연못은 예수 그리스도의 십자가 은혜를 비쳐주는 그림자입니다. 그것이 온전하게 예수 그리스도의 십자가 은혜를 다 담지 못하고 다 비쳐주지는 못하지만 분명히 베데스다의 연못은 단지 베데스다가 아닌 십자가의 은혜를 바라보게 합니다.

둘째, 베데스다 연못이 양문 곁에 있음을 이를 잘 반영합니다. 성경은 베데스다의 위치를 분명히 나타내고 있는데 이는 베데스다의 위치 정보를 가르쳐 주는 것을 목적으로 하는 것이 아닙니다. 이는 베데스다의 연못이 바로 어린 양 되신 예수 그리스도의 십자가 은혜를 비쳐줌을 증거하는 것입니다.

셋째, 베데스다에 행각 다섯이 있음을 단지 행각에 관한 말씀이 아니라 하나님의 구속이 은혜의 사건임을 알게 하십니다(5는 은혜의 숫자입니다). 하나님의 구원은 우리들에게 은혜로 주어지는 것입니다.

넷째, 베데스다의 소문은 많은 사람들로 하여금 베데스다로 모이게 하였습니다. 그 안에는 많은 병자, 맹인, 다리 저는 사람, 혈기 마른 사람들이 누워 물의 움직임을 기다렸습니다. 주 예수 그리스도의 복음은 모든 사람들로 주께로 인도하시는 것입니다.

다섯째, 베데스다는 천사를 통한 역사입니다. 이 천사의 정체성에 관하여 분명하지 않습니다. 이는 전설적이며 이교적이기도 합니다. 그러나 이 또한 예수 그리스도의 은혜로 인도합니다. 하나님의 은혜는 천사를 통한 역사가 아닌 직접적인 그 아들 예수 그리스도를 통한 역사입니다. 천사를 통해서 하나님께서는 기적과 움직임을 허락하셨다면 예수 그리스도와 십자가 능력은 더 큰 능력과 은혜를 주실 것입니다.

여섯째, 베데스다 연못의 신비로움은 물이 움직일 때에 아무든지, 어떠한 사람이든 먼저 들어가는 치유함을 얻게 됩니다. 이는 또한 복음의 능력입니다. 어떠한 사람이든지 오는 사람들에게 하나님의 은혜가 주어지는 것입니다. 복음은 어떠한 자격을 요구하지 않은 것입니다.

## 3. 38년 된 병자와 예수님의 만남을 살펴봅시다(5-9절).

말씀은 베데스다의 많은 병자 중에 한 사람의 병자에 관하여 전합니다. 그는 38년 된 병자이며 예수님께서 그 누운 것을 보시고 병이 벌써 오랜 줄 아셨습니다. 예수님께서 그에게 물으셨습니다.

"네가 낫고자 하느냐"(6절)

이에 병자는 대답합니다.

"주여 물이 움직일 때에 나를 못에 넣어 주는 사람이 없어 내가 가는 동안에 다른 사람이 먼저 내려가나이다"(7절)

이에 예수님께서는 그에게 이르시기를 '일어나 네 자리를 들고 걸어가라' 하셨습니다. 이에 그 사람이 곧 나아서 자리를 들고 걸어갔습니다.

### 4. 참된 베데스다 되신 주님에 관하여 살펴봅시다(1-9절).

주님께서는 거기 38년 된 병자에게 찾아가셨습니다. 주님께서는 이처럼 찾아가십니다. 하나님의 은혜는 연못에 들어감으로 말미암은 것이 아닙니다. 은혜는 우리들에게 찾아오는 것입니다. 내가 들어가는 것이 아닙니다. 은혜는 경쟁하는 것이 아닙니다. 은혜는 제한된 것이 아닙니다.

베데스다의 연못은 가끔 역사가 일어났습니다. 그러나 은혜는 언제나 임하시는 것입니다.

베데스다의 연못은 들어가야 합니다. 그러나 주님께서는 찾아오셨습니다.

베데스다의 연못에는 경쟁함이 있어야 했습니다. 그러나 은혜에는 경쟁함이 없습니다.

베데스다의 연못에는 오직 한 사람의 나음만이 있습니다. 그러나 은혜는 한량없는 은혜입니다.

베데스다의 연못은 천사로 인한 것입니다. 그러나 은혜는 예수 그리스도로 말미암은 것입니다.

주님께서는 가장 소망이 없는 자에게 찾아오셨습니다. 38년 되었다는 병자는 아무런 소망이 없음을 가르치시는 것입니다. 하나님께서는 이처럼 소망이 없는 자에게 찾아오시는 것입니다.

병자는 자신의 힘으로는 나음을 입을 수 없었습니다. 그에게는 자신을 못에 넣어 주는 사람이 없었습니다. 그러나 은혜에는 어떠한 제한도 없는 것입니다.

병자들은 베데스다에서 기다렸습니다. 그러나 은혜에서는 하나님께서 우리들을 기다리시는 것입니다.

## 묵상

01  베데스다 38년 병자의 치유에 나타난 구속의 원리에 관하여 나누어 봅시
다.


02  세 번째 표적으로서 베데스다 38년 된 병자의 치유에 관하여 나누어 봅시
다.


03  내게 주시는 베데스다 38년 된 병자의 치유의 은혜를 나누어 봅시다.


## 되새김

명절, 안식일, 예루살렘에서 베데스다, 38년 된 병자는 예수 그리스도께서 바로
하나님의 아들이 되심을 보이시는 증거들입니다. 하나님께서 한 사람의 치유를
통해서 예수 그리스도께서 하나님의 아들 되심을 증거하셨습니다.

# 14

## 38년 된 병자의 치유 2
## 5장10~18절

### Key Point

요한복음 5장은 7가지 표적 중에 세 번째 표적인 베데스다 38년 된 병자의 치유와 이에
이은 논쟁, 예수님의 권한, 증언, 책망의 말씀입니다. 이번 과는 특별히 명절과 안식일에
일어난 치유에 대하여 오히려 유대인과의 논쟁을 전합니다.

## 본문 이해

요한복음 5장은 크게 5가지의 내용으로 구성되어 있습니다. 그 내용은 치유, 논쟁, 권한, 증언, 책망입니다.

1. 베데스다 38년 병자의 치유
**2. 안식일 논쟁**
3. 아들의 2가지 권한
4. 예수 그리스도를 위한 증언들
5. 유대인들을 향한 예수님의 책망

1. 치유받은 병자에 대한 유대인들의 부정적인 반응을 살펴봅시다(10-13절).

베데스다의 38년 된 병자는 치유받았지만, 안식일에 병이 나았으므로 환영을 받지 못하였습니다. 율법의 정신은 왜곡되고 망각되었습니다. 최소한의 상식도 통용되지 않았습니다. 유대인들은 병 나은 사람에게 '안식일인데 네가 자리를 들고 가는 것이 옳지 아니하니라' 하였습니다. 유대인들은 안식일의 규정으로 39조 234항을 만들었으며 그 중에 제6조 1항에서는 "누구든지 안식일에 공중 장소에서 개인 주택으로 물건을 운반하는 자는 그가 부주의로 하였으면 그의 죄로 인해 제사를 드릴 것이요, 만일 고의로 했으면 그 몸을 쪼개고 돌로 칠 것이라" 하였습니다. 유대인들의 지적에 병 나은 자는 '나를 낫게 한 그가 자리를 들고 걸어가라' 하였다고 말하였습니다. 유대인들이 '너에게 자리를 들고 걸어가라 한 사람이 누구냐' 물었으나 고침을 받은 사람은 거기 사람이 많으므로 예수님께서 이미 피하셨기에 그가 누구인지 알지 못하였습니다.

## 2. 예수님께서 성전에 병 고침을 받은 사람을 만나심을 살펴봅시다(14절).

베데스다의 38년 된 병자에 관하여 그는 '병 나은 사람'이 되었습니다. 그러나 그에 관하여 말씀은 좀 더 자세히 말씀하십니다. '병 나은 사람'(10절)이며 '고침을 받은 사람'(13절)이며 더 나아가 그는 '죄 사함을 받음 사람'이 됩니다(14절). 그러므로 예수님께서는 그를 성전에서 만나셨으며 그에게 말씀하시기를 "보라 네가 나았으니 더 심한 것이 생기지 않게 다시는 죄를 범하지 말라" 하셨습니다.

## 3. 유대인들의 박해를 살펴봅시다(15-18절).

성전에서 예수님을 만나 자신을 고치신 이가 누구인지 알게 된 그 사람은 유대인들에게 가서 자기를 고친 이는 예수라 하였습니다. 그러므로 안식일에 이러한 일을 행한다고 하여 유대인들은 예수를 박해하였습니다. 예수님께서는 '내 아버지께서 이제까지 일하시니 나도 일한다'(17절) 하셨습니다. 이에 유대인들은 예수님께서 안식일을 범할 뿐만 아니라 하나님을 자기의 친 아버지라 하여 자기를 하나님과 동등으로 삼으심으로 인해 더욱 예수님을 죽이고자 하였습니다.

01  요한복음의 안식일 논쟁과 다른 복음서의 안식일 논쟁의 차이를 나누어 봅
시다.

02  38년 된 병자에게 더 심한 것이 생기지 않게 다시는 죄를 범하지 말라 하심
에 관하여 나누어 봅시다.

03  예수님께서 '내 아버지께서 이제까지 일하시니 나도 일한다' 하심의 의미에
관하여 나누어 봅시다.

되새김

요한복음의 안식일 논쟁은 그가 누구이신가에 보다 관심을 가집니다. 고침을 받
은 사람조차 그가 누구인지 알지 못하고, 유대인들은 하나님을 자기의 친 아버지
라 하시는 예수님을 오히려 박해하였습니다. 그러나 예수님께서는 이 치유를 통
해서 자신이 하나님의 아들이심을 밝히셨습니다.

PART

# 15

## 아들의 권한과 증언
## 5장19~47절

**Key Point**

요한복음 5장은 7가지 표적 중에 세 번째 표적인 베데스다 38년 된 병자의 치유와 이에 이은 논쟁, 예수님의 권한, 증언, 책망의 말씀입니다. 이번 과는 예수님의 두 가지 권한과 예수 그리스도를 믿게 하는 4가지 증언들, 마지막으로 유대인을 향한 예수님의 책망에 관하여 전합니다.

요한복음 5장은 크게 5가지의 내용으로 구성되어 있습니다. 그 내용은 치유, 논쟁, 권한, 증언, 책망입니다.

1. 베데스다 38년 병자의 치유
2. 안식일 논쟁
3. **아들의 2가지 권한**
4. **예수 그리스도를 위한 증언들**
5. **유대인들을 향한 예수님의 책망**

1. 아들의 두 가지 권한을 살펴봅시다(19-30절).

성부 하나님과 성자 하나님의 아버지와 아들의 관계 속에서 아버지께서 행하시는 일을 아들도 행하십니다. 아버지께서 아들을 사랑하사 자기가 행하시는 것을 다 아들에게 보이십니다. 아버지와 아들이 행하시는 두 가지 일은 '생명'과 '심판'입니다.

"아버지께서 죽은 자들을 일으켜 **살리심** 같이 아들도 자기가 원하는 자들을 **살리느니라**"(21절)

"아버지께서 아무도 **심판**하지 아니하시고 **심판**을 다 아들에게 맡기

셨으니"(22절)

"내가 진실로 진실로 너희에게 이르노니 내 말을 듣고 또 나 보내신 이를 믿는 자는 **영생**을 얻었고 **심판**에 이르지 아니하나니 사망에서 생명으로 옮겼느니라"(24절)

"선한 일을 행한 자는 **생명의 부활**로 악한 일을 행한 자는 **심판의 부활**로 나오리라"(29절)

2. 예수 그리스도를 믿게 하는 증언들에 관하여 살펴봅시다(31-40절).

예수님께서는 자신을 믿게 하는 증언들이 있음을 밝히십니다. 세례 요한의 증언(33-35절), 예수 그리스도의 역사(36절), 성부 하나님의 증언(37-38절), 성경의 증언(39-40절)입니다.

첫째 증언은 세례 요한의 증언입니다. 사람에게서 증언을 필요하시지 않으심에도 불구하고 주님께서 이처럼 증언을 받으심은 우리들로 구원을 받게 하시기 위함이었습니다. 요한의 증언은 켜서 비추이는 등불로 사람들에게 즐거움을 주었습니다. 그러나 그의 사역에는 어떠한 이적이 나타나지 않았습니다. 이적의 역사는 그의 사역을 위한 것이 아닌 예수 그리스도의 사역 가운데 나타나 예수 그리스도에 대한 증언이 되기 때문입니다.

둘째 증언은 예수 그리스도의 사역의 역사였습니다. 이 증거는 요한의 증거보다 더 큰 증거가 됩니다. 이는 예수 그리스도 자신으로 말미암은 것이기 때문입니다. 예수 그리스도의 이적은 이적 자체가 아닌 그 이적을 통해서 예수 그리스도를 증언하고 그를 믿게 하시기 위함인 것입니다.

셋째 증언은 성부 하나님의 증언입니다. 하나님께서는 친히 아들에 관하여 증언하십니다. 예수님께서 세례를 받으실 때에 하늘로부터 소리가 나서 '이는 내 사랑하는 아들이요 내 기뻐하시는 자라' 하셨습니다(마 3:17). 그러나 그가 보내신 이를 믿지 아니하고 그 말씀이 그 속에 거하지 아니하는 그들은 아무 때에도 그 음성을 듣지 못하였고 그 형상을 보지 못하였습니다.

넷째 증언은 하나님의 기록된 말씀인 성경입니다. 우리가 이 성경에 관하여 알 것은 다음과 같습니다.

"너희가 성경에서 영생을 얻는 줄 생각하고 성경을 연구하거니와 이 성경이 곧 내게 대하여 증언하는 것이니라"(39절)

성경은 암송이 필요하고 묵상이 필요하고 또한 연구하여야 합니다. 이 연구는 마치 사냥꾼이 동물의 흔적을 발견하고 그것을 찾아 추적하는 것을 의미합니다.

그러나 사람들은 영생을 얻기를 구하면서도 영생을 얻기 위하여 주께로 오기를 원하지 않았습니다.

## 3. 유대인을 향한 예수님의 책망하심을 살펴봅시다(41-47절).

"나는 사람에게서 영광을 취하지 아니하노라"(41절)

지금까지 예수님께서는 자신의 두 가지 권한(19-30절)과 자신을 향한 증언의 말씀(31-40절)을 주셨습니다. 이제 그를 믿지 않는 자들을 향하여 책망하십니다. 이는 유대인들을 향한 책망의 말씀이기도 합니다. 또한 이와 같이 책망을 하심은 그들의 믿지 않음의 근본적인 이유를 밝히시는 것입니다. 주의 책망 가운데도 생명의 말씀이 있는 것입니다. 주의 채찍은 나음을 위한 것입니다. 먼저 알 것은 주님께서는 사람의 인정에 목말라하시거나 그 칭찬을 구하며, 사람의 영광을 취하지 않으십니다. "나는 사람에게서 증언을 취하지 아니하노라 다만 이 말을 하는 것은 너희로 구원을 받게 하려 함이니라"(요 5:34) 곧 주님께서는 아버지의 뜻을 온전히 이루어 인생에게 구원을 주시기 위함이지 그들에게서 영광과 칭찬을 얻고자 하심이 아닙니다.

"다만 하나님을 사랑하는 것이 너희 속에 없음을 알았노라"(42절)

1. 사람의 마음을 아시는 이가 이제 아신 것은 하나님을 사랑하는 것이 그들 속에 없음을 아셨습니다. 그들이 하나님을 사랑하였더라면 하

나님이 보내신 바 아들되신 예수 그리스도를 영접하였을 것입니다. 그들이 영접하지 않은 근본적인 이유는 그들 안에 하나님을 향한 사랑이 없었기 때문입니다.

"나는 내 아버지의 이름으로 왔으매 너희가 영접하지 아니하나 만일 다른 사람이 자기 이름으로 오면 영접하리라"(43절)

2. 하나님을 사랑하는 마음이 없었던 그들은 주께서 아버지의 이름으로 왔으나 영접하지 않았을 뿐만 아니라 이제 그들은 적그리스도를 영접하게 되는 것입니다. 빛을 받아들이지 않는 자는 어둠을 받아들이게 됩니다. 말씀을 받지 않는 자는 세상을 받아들일 준비를 하는 것입니다. 생명을 받아들이지 않는 자는 사망을 받을 준비를 하는 것입니다.

"너희가 서로 영광을 취하고 유일하신 하나님께로부터 오는 영광을 구하지 아니하니 어찌 나를 믿을 수 있느냐"(44절)

하나님을 사랑하지 않을 뿐만 아니라(42절) 사람들은 서로 영광(칭찬)을 취하고 유일하신 하나님께로부터 오는 영광은 구하지 아니하니 주를 믿을 수 없는 것입니다. 이는 그들이 믿지 않음의 근본적인 이유들입니다. 이제 한 가지가 더 있습니다.

"내가 너희를 아버지께 고발할까 생각하지 말라 너희를 고발하는 이가 있으니 곧 너희가 바라는 자 모세니라 모세를 믿었더라면 또 나를 믿었으리니 이는 그가 내게 대하여 기록하였음이라 그러나 그의 글도 믿지 아니하거든 어찌 내 말을 믿겠느냐 하시니라"(45-47절)

3. 마지막으로, 그들의 믿지 않음은 그들이 모세를, 모세의 글을 믿지 않았기 때문입니다. 모세의 글을 진정으로 믿는 것은 무엇입니까? 모세의 글은 주께 대하여 기록한 것입니다. 그러므로 주를 믿지 않는 자들은 그전에 주에 대하여 기록된 모세의 글을 믿지 않는 것입니다.

유대인들을 향한 책망은 그들 안에 하나님을 사랑하는 것이 없었으며 사람의 영광을 취하고 하나님의 말씀을 믿지 않음에 있는 것입니다. 이는 반대로 예수 그리스도를 믿는 자들은 하나님을 사랑하는 자이며 하나님의 영광을 구하는 자이며 하나님의 말씀을 믿는 자들입니다.

01  아들의 두 가지 권한에 관하여 나누어 봅시다.

02  예수 그리스도를 믿게 하는 4가지 증언들에 관하여 나누어 봅시다.

03  유대인들을 향한 예수님의 책망하심에 관하여 나누어 봅시다.

되새김

7가지 표적 가운데 세 번째 표적으로서 베데스다 38년 된 병자의 치유, 유대인들과의 논쟁, 예수님의 직접적인 자기 권한의 선포, 여러 증언들, 유대인들을 향한 예수님의 책망 이 모든 것들은 바로 예수님께서 하나님의 아들 되심을 가르치는 것입니다.

## 오병이어의 이적
## 6장1~21절

## Key Point

이번 과는 요한복음의 7가지 표적 중에 네 번째 표적인 오병이어의 이적과 다섯 번째 표적인 바다 위를 걸으신 예수님에 관하여 전합니다. 요한복음의 오병이어는 보다 유월절과 관련되며 오병이어 사건을 통해서 광야에서 먹이심을, 물 위를 걸으심은 이스라엘이 홍해를 건넘을 기억하게 합니다. 예수 그리스도는 참된 메시야이십니다.

## 본문 이해

　요한복음은 특징적으로 갈릴리 중심이 아닌 유대, 예루살렘 중심으로 전합니다. 누가복음이 후기 유대 사역에 관하여 전하여 준다면 요한복음은 초기 유대 사역에 관하여 전하며 제1차, 2차, 3차 갈릴리 사역에 관하여 대부분 생략합니다. 1-4장은 거의 초기 유대 사역에 관한 말씀입니다. 1-2장의 갈릴리 베다니와 가나의 말씀에서 4장의 갈릴리 가나에서 왕의 신하의 아들을 고치심의 이야기로 돌아오나 5장의 베데스다 연못의 말씀 또한 예루살렘에서의 말씀이며 사도들을 세우시고 파송하시기 전의 제2차 갈릴리 사역은 완전히 생략되어 있습니다. 오병이어의 이적은 제3차 갈릴리 사역으로 파송된 제자들이 돌아왔을 때에 그들을 쉬게 하시기 위하여 배를 타고 따로 한적한 곳으로 갈 때에 있었던 일입니다.

　38년 된 병자의 치유로부터 시작된 명절과 관련된 메시지의 연속으로 오병이어의 사건을 살펴보아야 합니다. 38년 된 병자의 치유의 메시지는 '안식일 논쟁'과 관련되며 오병이어의 사건은 유월절 메시지 안에서 살펴야 합니다.

　"마침 유대인의 명절 유월절이 가까운지라"(4절)

마태복음은 사람들이 여러 고을로부터 걸어서 나아왔다고 하며, 마가복음은 이러한 사람들의 모임은 그들이 배를 타고 건넌 예수님과 일행과 달리 도보로 달려 왔을 뿐만 아니라 그들이 예수님과 일행보다 먼저왔음을 알게 합니다. 이는 사람들이 얼마나 주를 향한 사모함이 있었는지를 보입니다. 그러나 진정으로 주를 만난 자들은 그가 누구인지 아는자들입니다. '오병이어의 이적'은 요한복음의 7가지 표적 중에 4번째 표적이며 연이어 나오는 '물 위를 걸으신 예수님'은 5번째 표적입니다.

### ■ 요한복음의 7개의 표적

요한복음은 예수님의 이적을 '표적'(쎄메이아)이라 부르며 총 7개의 이적에 관하여 전합니다. 공관복음의 이적이 권능을 나타낸다면 요한복음의 이적은 '표적'으로 예수 그리스도의 신성을 나타내며 이를 믿게 하십니다.

① 가나의 혼인잔치(2:1-12)
② 왕의 신하의 아들의 치유(4:43-54)
③ 베데스다 연못의 38년 병자의 치유(5:1-18)
④ **오병이어의 이적(6:1-15)**
⑤ **물 위를 걸으심(6:16-21)**
⑥ 실로암 맹인의 치유(9:1-12)
⑦ 죽은 나사로를 살리심(11:1-45)

요 6:1-15: 오병이어의 이적- 4번째 표적

요 6:16-21: 바다 위를 걸으신 예수님- 5번째 표적

요 6:22-24: 예수님을 찾는 무리들

요 6:25-51: 생명의 떡

요 6:52-59: 유대인들의 불신

요 6:60-66: 제자들의 불신

요 6:67-71: 영생의 말씀

## 1. 오병이어 이적의 배경에 관하여 살펴봅시다(1-4절).

오병이어 이적의 시기는 마가복음을 통해서, 구체적인 지명은 누가복음을 통해서 벳새다임을 확인할 수 있습니다. 요한복음은 장소적으로 디베랴의 갈릴리 바다 건너편이라고 전합니다.

요한복음은 사람들이 모임에 대하여 그들의 심중에 있는 바를 알게 합니다. 곧 그들은 예수님께서 병자들에게 행하시는 '표적'을 보았기 때문입니다.

요한복음은 또한 이때의 시기에 관하여서도 알게 합니다. 이때는 유대인의 명절인 '유월절'이 가까운 때입니다. 공생애를 시작하시며 유월절에 예루살렘에 올라가 성전을 깨끗하게 하신 예수님께서 다시 유월절을 맞이하셨습니다. 이는 예수 그리스도의 오병이어의 이적이 유월

절과 깊은 관련이 있음을 알게 하십니다. 주님께서는 참된 떡이요 음료가 되십니다.

## 2. 예수님께서 빌립에게 물으심을 살펴봅시다(5-7절).

예수님께서는 빌립에게 '우리가 어디서 떡을 사서 이 사람들을 먹이겠느냐'고 물으셨습니다. 이는 예수님께서 빌립이 어떻게 말할지를 아시고 그에게 물으신 것입니다. 각 사람의 특징을 잘 아시는 주님께서는 이처럼 빌립에게 물으심은 빌립의 특징을 통해서 바로 우리들의 마음과 우리들의 특징을 밝히고자 하시는 것입니다.

빌립은 '각 사람에게 조금씩 받게 할지라도 이백 데나리온의 떡이 부족하리이다'라고 하였습니다. 이는 우리들의 일반적인 생각 속에 있는 가치입니다. 이러한 현실은 믿음과 반대되는 것을 살펴볼 수 있습니다.

먼저 빌립은 각 사람에게 조금씩 받게 한다고 하였습니다. 이는 제한된 물량을 가지고 많은 사람들에게 나누기 위해서는 조금씩 받게 할 수밖에 없는 것입니다. 그러나 이러한 현실적인 생각과 가치가 하나님 나라의 역사와 얼마나 배치가 되는지를 오병이어의 이적을 통해서 배울 수 있어야 합니다. 내가 주는 것이기에 그것은 조금씩 나누어야 할 것입니다. 그러나 하나님께서 우리들에게 주실 때에는 각 사람이 조금씩 받는 것이 아닙니다. 11절에 말씀하십니다.

"그렇게 그들의 원대로 주시니라"(11절)

믿음 안에서는 풍성함이 있습니다. 이는 우리들이 구하여야 할 바입니다. 우리들이 기대하여야 할 바가 될 것입니다. 조금씩 받을 것을 기대하는 것이 아니라 우리들이 원하는 대로 넘치도록 허락하실 주님을 기대함으로 나아가야 할 것입니다.

두 번째 빌립의 생각에는 이백 데나리온의 떡이 부족하다고 하였습니다. 이는 무엇입니까? 주님께서는 결코 얼마의 돈이 필요하다고 이야기하지 않으셨습니다. 어디서 떡을 사서 이 사람들을 먹이겠느냐고 물으셨습니다. 그러나 현실적인 대답 속에서는 '어디'가 아닌 '얼마'가 중요한 것입니다. 이는 얼마나 우리들의 생각이 믿음과 멀리 있는가를 알수 있는 것입니다. 얼마를 생각하기에 아무것도 할 수 없는 것입니다.

아이들을 낳지 못하고 키우지 못하는 이유는 어디에 있습니까? 사람들은 여전히 얼마에 가치를 둡니다. 아이들을 키우는데 얼마나 큰돈이 드는지에 관하여 이야기합니다. 그러므로 낳지 않겠다고 이야기합니다. 이는 믿음이 없는 생각입니다. 중요한 것은 어디입니다. 어디서 사야 합니까? 그것은 어떠한 동네를 가르치는 것이 아닙니다. 참된 근원이 주님이심을 알게 하시는 것입니다. 주님께 구하는 것입니다. 주님께서 주실 것입니다. 이것이 바로 믿음의 세계입니다. 돈을 바라보는 것이 아니라 주님을 바라봅니다.

세 번째 빌립의 생각에는 부정적인 생각이 있었습니다. 그들은 이백 데나리온의 떡이 부족하리이다라고 대답하였습니다. 그러나 놀랍게도 하나님께서는 이 오병이어의 이적을 행하시며 남음이 있게 하셨습니다. 부족한 것이 아니라 넘쳤으며 남았습니다. 이것이 믿음의 세계인 것입니다. 흔히 잔치에 모자란 것보다 남은 것이 더 낫다는 통상적인 이야기가 있습니다. 더욱이 믿음의 사람들은 주님께서 우리들을 채우실 때에 넘치게 하시고 남음이 있게 하실 것을 기대하여야 할 것입니다.

### 3. 안드레를 통한 교훈을 살펴봅시다(8-9절).

베드로의 형제 안드레는 제자들 중에 소심한 사람으로 여겨지는 사람입니다. 그러나 그는 믿음의 사람이었음을 보게 됩니다. 그가 예수님께 나아와 말씀드립니다.

"여기 한 아이가 있어 보리떡 다섯 개와 물고기 두 마리를 가지고 있나이다 그러나 그것이 이 많은 사람들에게 얼마나 되겠사옵나이까"(9절)

과연 오천명 가운데 먹을 것이 이 어린 아이의 것이 전부였을까라고 생각할 수 있을 것입니다. 그것은 상상적인 이야기이지만 중요한 것은 얼마나 되었든 이 아이의 것이 쓰임을 받았다는 것입니다. 하나님께서는 이처럼 우리들의 작은 헌신을 통해서, 우리의 작은 것을 통해서 역사하시는 것입니다. 그러므로 우리는 드림에 대해서 부끄럽지 않습니다. 만일 어떠한 사람이 물고기 100마리와 떡 100개가 있었다고 할지라도 그것이 자랑이 될 수 없습니다. 그것을 가지고 오천명을 먹일 수는 없는 것입니다. 중요한 것은 그들이 가진 소유의 양이 아닌 주님께서 채우실 것입니다. 그러므로 우리는 안드레와 같이 우리의 소유를 가지고 주님 앞에 나아옴이 있어야 합니다. 이것이 바로 믿음인 것입니다.

우리가 가진 것은 작습니다. 보잘것없습니다. 그것을 가지고는 턱도 없습니다. 그러나 주님께 나아가면 주님께서 역사하여 주실 것입니다. 내 헌신, 내 수고, 작은 것입니다. 턱도 없는 것입니다. 그러나 주님께서 복을 주시면 이는 넘치는 역사가 일어나는 것입니다.

비록 한 아이가 가진 것이지만 그것을 귀히 여기는 마음이 있어야 합니다. 우리 안에 작은 것만이 아니라 우리 중에 있는 작은 것을 귀히 여기는 마음을 가져야 합니다. 우리 가운데에도 하나님께서는 어린 아이가 가진 물고기 두 마리와 보리떡 다섯 개를 남겨두신 것입니다.

### 4. 오병이어 이적을 살펴봅시다(10-13절).

예수님께서 '이 사람들로 앉게 하라' 하셨습니다. 첫째, 그곳은 예비된 곳이었습니다. 그곳에 잔디가 많았습니다. 둘째, 사람들의 순종이 있었습니다. 이적은 말씀에 순종에 이어집니다. 순종이 없이는 하나님의 이적을 맛볼 수 없는 것입니다. 셋째, 오병이어 이적에는 '풍성함'이 있었습니다. 예수님께서는 그들의 원대로 주셨습니다. 하나님께서는 광야의 이스라엘 가운데 만나를 내리실 때에도 풍성하게 내리셨습니다.

원대로 거두게 하셨습니다. 이는 우리들에게 한량없이 베푸시기를 원하시는 아버지 하나님의 마음입니다. 넷째, 오병이어의 이적에는 남음이 있었습니다. 이 남음은 부족함이 없음을 뜻하며 또 다른 하나님의 예비하심이 있음을 알게 하시는 것입니다. 제자들이 남은 것을 거두니 먹고 남은 조각이 열두 바구니에 찼습니다.

5. 오병이어의 표적을 본 사람들의 반응을 살펴봅시다(14-15절).

한편으로는 예수님께서 행하신 표적을 본 자들은 이는 참으로 세상에 오실 그 선지자라 하였습니다. 그러나 다른 한편으로는 예수님을 억지로 붙들어 임금을 삼으려 하였습니다. 예수님께서는 이를 아시고 다시 혼자 산으로 떠나 가셨습니다.

6. 예수님께서 바다 위를 걸으심을 살펴봅시다(16-21절).

'저물매...', '이미 어두웠고...' 시각적인 말씀을 또 읽게 됩니다. 곧 제자들이 배를 타고 바다를 건너 가버나움으로 가는데 이미 어두워졌습니다. 짙은 어두움입니다. 이제 가장 큰 어두움을 보게 됩니다. 곧

"예수는 아직 그들에게 오시지 아니하셨더니"(17절)

이 말씀에서 가장 짙은 어두움을 보아야 합니다. 주님께서 함께 하시지 않으심이 가장 짙은 어두움이 되는 것입니다. 주님께서는 밝히 자신에 관하여 말씀하시기를 내가 곧 빛이라고 하셨습니다. 주님은 빛이십

니다. 이제 빛 된 주님이 없는 곳이 가장 짙은 어두움이 되는 것입니다.

어두움 속에 평안이 없었습니다. 큰 바람이 불어 파도가 일어나기 시작합니다. 어려움은 항상 어려움 중에서 오게 됩니다. 문제는 항상 문제들 속에서 오게 되는 것입니다.

이제 제자들은 어려움 속에서 자신들의 힘으로 극복하려 함을 살펴보게 됩니다. 제자들이 노를 저었습니다. 이는 인간의 힘입니다. 큰 파도에 노를 젓는 모습은 애처롭게 보이기만 합니다. 제자들은 한 십여 리쯤 갈 수 있었습니다. 그러나 이것은 인간의 한계를 의미하는 것입니다. 많이 간 것이 아니라 이제는 인간의 한계요, 힘의 소진이요, 낙심과 절망의 순간이 되는 것입니다.

이제 이러한 때에 우리는 주님의 모습을 다시 발견하게 됩니다. 예수님께서는 바다 위를 걸어 배에 가까이 오셨습니다. 그리고 말씀하시기를 '내니 두려워하지 말라' 하셨습니다. 제자들은 기뻐서 배로 영접하였습니다. 바람이 멈추었다는 말씀이 없습니다. 빛이 있으면 당연히 어두움은 사라지는 법입니다. 주님을 모시면 당연히 문제가 해결되는 것입니다. 바람이 멈추었다는 말씀은 없지만 다른 한 말씀으로 이를 대신합니다.

"배는 곧 그들이 가려던 땅에 이르렀더라"(21절)

## 묵상

01   오병이어 사건과 유월절에 관하여 나누어 봅시다.

02   오병이어의 예수님과 광야의 모세를 비교하여 봅시다.

03   바다 위를 걸으신 예수님이 주시는 의미에 관하여 나누어 봅시다.

## 되새김

오병이어의 이적과 바다 위를 걸으신 예수님은 모두 광야의 모세를 연상케 합니다. 하늘의 만나와 메추라기를 먹이심도 하나님에 의한 것이며, 홍해의 바다를 건넌 것도 주님과 함께 하심입니다. 이 모든 표적은 예수님께서 오실 메시야이심을 알게 합니다.

# 17

# 생명의 떡 1
## 6장22~40절

## Key Point

오병이어의 이적을 경험한 자들은 예수님을 찾으나 찾지 못하고 가버나움에서 만나게 됩니다. 그들은 가버나움에서 예수님을 찾았으나 진정한 의미에서는 아직 예수님을 만나지 못하였습니다. 그들은 표적의 의미를 알지 못하였기 때문입니다.

## 본문 이해

예수님의 많은 이적 중에서 유일하게 이 오병이어의 이적만이 사복음서에 다 기록되어 있습니다. 특별히 요한복음은 매우 긴 분량으로 6장 한 장 전체를 통해서 오병이어의 이적을 의미를 조명하고 있습니다. 단순히 물고기 두 마리와 보리떡 다섯 개로 오천명을 먹이신 이적이 아닌 이 이적이 갖는 의미에 관하여 알게 하십니다.

"썩을 양식을 위하여 일하지 말고 영생하도록 있는 양식을 위하여 하라 이 양식은 인자가 너희에게 주리니 인자는 아버지 하나님께서 인치신 자니라"(27절)

"예수께서 대답하여 이르시되 하나님께서 보내신 이를 믿는 것이 하나님의 일이니라 하시니"(29절)

"예수께서 이르시되 나는 생명의 떡이니 내게 오는 자는 결코 주리지 아니할 터이요 나를 믿는 자는 영원히 목마르지 아니하리라"(35절)

"내 아버지의 뜻은 아들을 보고 믿는 자마다 영생을 얻는 이것이니 마지막 날에 내가 이를 다시 살리리라 하시니라"(40절)

즉 오병이어의 이적은 참된 양식, 하나님의 일, 생명의 떡, 하나님의 뜻에 관하여 알게 하십니다.

## ■ 나는 ~이다(에고 에이미)

요한복음에는 7개의 표적뿐만 아니라 7번의 에고 에이미 즉, '나는 ~이다'라는 표현이 나옵니다. 이 또한 예수 그리스도에 관한 계시의 말씀입니다.

① 나는 생명의 떡이다(6:35, 38, 51)
② 나는 세상의 빛이다(8:12)
③ 나는 양의 문이다(10:7, 9)
④ 나는 선한 목자다(10:11, 14)
⑤ 나는 부활이요 생명이다(11:25)
⑥ 나는 길이요 진리요 생명이다(14:6)
⑦ 나는 참 포도나무다(15:1, 5)

## 1. 무리가 예수님을 가버나움에서 만남을 살펴봅시다(22-25절).

오병이어의 이적이 있었던 이튿날 바다 건너편에 서 있던 무리 곧 벳새다에서 오병이어의 이적을 경험하였던 무리가 배 한 척 외에 다른 배가 거기 없는 것과 또 어제 예수께서 제자들과 함께 그 배에 오르지 아니하시고 제자들만 가는 것을 보았습니다. 남은 배가 없으므로 예수님께서 그곳에 남아 있으리라 생각했던 무리들은 예수님을 뵙지 못하자 예수님을 찾기 원하였습니다. 무리들은 마침 디베랴에서 배들이 그곳에 가까이 옴으로 배들을 타고 가버나움에서 예수님을 찾게 됩니다. 그들은 갈릴리 바다 건너편에서 예수님을 만나 '랍비여 언제 여기 오셨나이까'(25절) 물었습니다. 이들이 주님을 부른 호칭은 존경의 용어이기는 하나 온전히 주께 대하기에 부족한 고백입니다. 또한 이들이 어떠한 이유로, 어떠한 동기로 예수님을 찾고 또한 만났는가를 살펴야 합니다.

## 2. 예수님께서 자신을 찾은 자들에게 대답하심을 살펴봅시다(26절).

예수님께서는 자신을 찾은 자들에게

"내가 진실로 진실로 너희에게 이르노니 너희가 나를 찾는 것은 표적을 본 까닭이 아니요 떡을 먹고 배부른 까닭이로다 썩을 양식을 위하여 일하지 말고 영생하도록 있는 양식을 위하여 하라 이 양식은 인자가 너희에게 주리니 인자는 아버지 하나님께서 인치신 자니라"(26-27절)

라고 대답하셨습니다. 예수님께서는 자신을 찾는 자들의 숨은 동기를 밝히셨습니다. 영적인 이유가 아닌 육적인 이유에서였습니다. 그들은 오병이어의 이적을 보고도 예수님께서 그리스도시라는 사실을 깨닫지 못하고 다만 떡을 먹고 배부른 까닭으로 예수님을 찾은 것입니다. 그러므로 예수님께서는 그들에게 썩을 양식을 위하여 일하지 말고 영생하도록 있는 양식을 위하여 하라고 말씀하시는 것입니다. 인자는 생명의 양식을 주실 것입니다. 하나님께서는 인자를 인치셨습니다. 영생하도록 있는 양식을 위한 일은 인자를 위한 일이 되어야 합니다.

3. '우리가 어떻게 하여야 하나님의 일을 하오리이까'라는 무리들의 질문과 예수님의 답변을 살펴봅시다(28-29절).

무리들의 첫 번째 질문에 예수님께서는 다만 그들의 질문에 답변하시는 것이 아닌 영적인 가르침을 주셨습니다. 이제 두 번째 질문은 그들의 질문 자체가 보다 영적인 범주에 들어옴을 보게 됩니다. 주님의 대답은 저들의 질문 또한 성숙시켰습니다.

"우리가 어떻게 하여야 하나님의 일을 하오리이까"(28절)

이에 예수님께서는 대답하시기를 '하나님께서 보내신 이를 믿는 것이 하나님의 일이니라'(29절)고 하셨습니다. 하나님께서 보내신 이 곧 예수님을 믿는 것이 하나님의 일입니다. 이는 주님께서 표적을 보여주신 이유이며 오병이어 이적의 목적입니다. 영생하도록 있는 양식을 위하여 일하는 것, 인자를 위하여 일하는 것, 하나님의 일은 곧 하나님께서 인치시고 보내신 이 곧 예수님을 믿는 것입니다.

4. 무리들이 예수님께 표적과 하시는 일을 물음과 예수님의 답변을 살펴봅시다(29-33절).

무리는 세 번째로 묻습니다. '우리가 보고 당신을 믿도록 행하시는 표적이 무엇이니이까, 하시는 일이 무엇이니이까 기록된 바 하늘에서 그

들에게 떡을 주어 먹게 하였다 함과 같이 우리 조상들은 광야에서 만나를 먹었나이다'(30-31절)

떡에 관하여 무리들은 조상들이 광야에서 만나를 먹었음을 말하였습니다. 저들은 이미 오병이어의 이적을 경험하고도 깨닫지 못하였습니다. 그들은 예수님께서 영생하도록 있는 양식을 말씀하실 때에 모세가 하늘에서 그들에게 떡을 주어 먹게 하였다고 말하였습니다. 이는 저들 가운데 그리스도가 오실 때에 모세가 만나를 준 것 같이 그들에게 만나를 주실 것이라 믿었기 때문입니다.

예수님께서는 두 가지가 아님을 말씀하십니다. 첫째, 만나를 준 것은 모세가 아닌 하나님께서 주신 것입니다. 둘째, 만나는 참 떡이 아닙니다. 참 떡은 세상에 생명을 주는 것입니다.

"내 아버지께서 너희에게 하늘로부터 참 떡을 주시나니 하나님의 떡은 하늘에서 내려 세상에 생명을 주는 것이니라"(32-33절)

5. 사람들이 떡을 구함과 예수님의 말씀을 살펴봅시다(34-40절).
무리들의 예수님을 향한 호칭이 달라졌습니다. '랍비여 언제 여기 오셨나이까'(25절)라고 물었던 자들이 이제는 '주여 이 떡을 항상 우리에게 주소서'(34절)라 하였습니다.

예수님께서는 자신에 관하여 밝히 말씀하셨습니다.

"나는 생명의 떡이니 내게 오는 자는 결코 주리지 아니할 터이요 나를 믿는 자는 영원히 목마르지 아니하리라"(35절)

하늘로부터 참 떡, 하늘에서 내려 세상에 생명을 주는 떡은 바로 예수 그리스이십니다. 주께 오는 자는 결코 주리지 아니할 것이며 주를 믿는 자는 영원히 목마르지 않을 것입니다. 그들은 주를 보고도 믿지 않았으나 아버지께서 주께 주시는 자는 다 주께 올 것이며 주께 오는 자는 주께서 결코 내쫓지 아니할 것입니다.

주께서 하늘에서 내려온 것은 자신의 뜻을 행하려 함이 아닌 자신을 보내신 이의 뜻을 행하려 하심입니다. 주를 보내신 이의 뜻은 주께 주신 자 중에 하나도 잃지 아니하고 마지막 날에 다시 살리는 것입니다. 곧 아버지의 뜻은 아들을 보고 믿는 자마다 영생을 얻는 것입니다. 마지막 날에 주께서 다시 살리실 것입니다.

## 묵 상

01   무리가 예수님을 찾지 못함에 관하여 나누어 봅시다.

02   썩을 양식과 영생하도록 있는 양식에 관하여 나누어 봅시다.

03   하나님의 일, 아버지의 뜻에 관하여 나누어 봅시다.

## 되새김

예수님을 만나기 위하여 찾는 자들, 이 땅에 수고하는 자들에게 주시는 말씀은 곧 무엇이 진정으로 예수님을 만난 것이며 참된 하나님의 일이 무엇인가 하는 것입니다. 이는 하나님께서 보내신 자를 믿고 영생을 얻는 일입니다. 마지막 날에 주께서 그를 살리실 것입니다.

PART

# 18

## 생명의 떡 2
## 6장41~71절

## Key Point

이전 과에 이어 계속적으로 예수님께서 자신이 하늘에서 내려온 떡이며 생명의 떡이심을 밝히십니다. 그러나 여전히 유대인들은 예수님의 말씀에 오해하고 많은 제자들조차 예수님을 떠나게 됩니다.

요한복음은 예수님의 성만찬 대신에 세족식에 관하여 전합니다. 그러나 성만찬의 가르침이 없는 것이 아닙니다. 곧 오병이어의 의미를 밝히시며 성만찬의 가르침을 주십니다.

1. 예수님께서 자신을 '하늘에서 내려온 떡이라' 하심을 살펴봅시다(41-51절).

예수님께서 자신을 '하늘에서 내려온 떡이라' 말씀하실 때에 유대인들은 수군거려 '이는 요셉의 아들 예수가 아니냐 그 부모를 우리가 아는데 자기가 지금 어찌하여 하늘에서 내려왔다 하느냐'고 하였습니다. 갈릴리의 유대인들은 예수님의 말씀을 이해하였으나 그 의미를 알지 못하였습니다. 그들은 예수님의 육신의 부모는 알았지만 말씀이 육신이 된 사실과 예수님이 아버지 하나님께로 말미암아 보내신 바 되심을 알지 못하였습니다.

이에 비록 사람들이 온전히 이해하지 못한다고 할지라도 예수님께서는 참된 가르침을 주십니다. 곧 아버지 하나님께서 자신을 보내신 것과, 주를 보내신 아버지께서 이끌지 아니하시면 아무도 주께 올 수 없음과 오는 그를 마지막 날에 주께서 살리실 것을 알게 하셨습니다.

주께서 자신을 생명의 떡이라 말씀하심은 주를 믿는 자는 영생을 가지기 때문입니다.

## 2. 예수님의 살과 피를 살펴봅시다(52-59절).

자신을 '생명의 떡'이라 말씀하신 주님께서는 좀 더 구체적으로 자신의 '살과 피'에 관하여 알게 하십니다. 인자의 살을 먹지 않고 인자의 피를 마시지 아니하면 그 속에 생명이 없습니다. 주의 살은 참된 양식이며 그 피는 참된 음료입니다. 주의 살고 먹고 그 피를 마시는 자는 주 안에 거하고 주께서도 그의 안에 거하십니다. 그는 아버지로 말미암아 아들이 사는 것 같이 주로 말미암아 삽니다.

## 3. 살리는 것은 영이니 육은 무익함을 살펴봅시다(63-65절).

예수님의 가르침에 제자들 또한 어려워하였습니다. 이에 예수님께서는 아버지로 말미암아 오신 주님에 관하여 그들의 눈으로 인자가 이전에 있던 곳으로 올라가는 것을 보게 될 것을 말씀하십니다. 비록 당장에는 믿기가 어려운 일이 될 수 있지만 그들은 더 한 것도 보게 되고 또한 믿게 될 것입니다.

또한 주님의 가르침은 영적인 가르침입니다. 육으로 이해하려 해서는 안됩니다. 그러므로 주님께서는 살리는 것은 영이니 육은 무익함이니라고 말씀하신 것입니다.

**175**

그러나 주님께서는 처음부터 믿지 아니하는 자들이 있음을 알고 계셨습니다. 그중에는 예수님을 팔 자도 있었습니다.

예수님께서는 계속적으로 걸림이 될 수 있는 말씀을 하셨습니다. 이는 진리이기 때문입니다.

"또 이르시되 그러므로 전에 너희에게 말하기를 내 아버지께서 오게 하여 주지 아니하시면 누구든지 내게 올 수 없다 하였노라 하시니라"(65절)

## 4. 많은 사람이 떠나감을 살펴봅시다(66-71절).

오병이어의 이적 가운데 모였던 수 천명의 사람들이 있었지만 가버나움에서 예수님의 가르침이 있을 때에, 그 가르침에 많은 사람이 떠나갔습니다. 걸림이 되시는 말씀을 하셨을 때에 그들은 오전히 이해하지 못하였고 또한 받아들일 수 없었습니다. 예수님께서는 열두 제자에게 말씀하셨습니다.

"너희도 가려느냐"(67절)

이에 시몬 베드로가 대답하였습니다.

"주여 영생의 말씀이 주께 있사오니 우리가 누구에게로 가오리이까

우리가 주는 하나님의 거룩하신 자이신 줄 믿고 알았사옵나이다"(68-69절)

참으로 멋진 베드로의 고백입니다. 그러나 예수님께서는 그들 가운데에서 마귀가 있음을 알게 하십니다.

"내가 너희 열둘을 택하지 아니하였느냐 그러나 너희 중의 한 사람은 마귀니라"(70절)

## 묵 상

01  생명의 떡이신 예수 그리스도에 관하여 나누어 봅시다.

02  오병이어의 이적을 통한 성만찬의 교훈을 나누어 봅시다.

03  예수님께서 자신을 팔 자를 나타내심은 언제부터 입니까?

## 되새김

자신을 생명의 떡이라고 밝히셨음에도 불구하고 유대인들은 믿지 않았으며, 많은 제자들조차 떠나갔습니다. 예수님께서 열 두 제자들에게 물으셨습니다. '너희도 가려느냐' 이에 베드로가 '생명의 떡'이신 예수님께 고백합니다. '영생의 말씀'이 주께 있사오니 우리가 누구에게로 가오리이까

PART

# 19

## 형제들의 불신
## 7장1~13절

## Key Point

오병이어의 이적에 유대인의 불신, 제자들의 불신에 이어 7장 서두에는 형제들의 불신이
나옵니다. 시기적으로 유대인의 명절인 초막절을 배경으로 하심은 예수 그리스도 안에서
이 절기의 의미를 발견하게 하시는 것입니다. 이번 과는 예수님께서 초막절에 은밀하게
예루살렘에 올라가심에 관하여 전합니다.

요한복음은 예수 그리스를 믿게 하는데 목적이 있습니다. 그분을 믿음에 영생이 있기 때문입니다. 이처럼 예수 그리스도를 믿음에 있어서 유대인의 명절을 중심으로 전함은 명절 그 자체가 예수 그리스도를 나타내기 때문입니다.

5장의 38년 된 병자 치유 이야기와 유대의 명절-안식일의 논쟁과 6장의 오병이어와 유대인의 명절 유월절과 관련된 메시지에 이어 요한복음 7-10장은 유대인의 명절 초막절과 관련됩니다. 가깝게 요한복음 7-8장은 보다 직접적으로 초막절 전후를 배경으로 합니다. 유대인들은 이 기간에 비를 기원하며 매일 실로암 못에 물을 길어 성전 제단에 붓는 의식을 행하며, 여인들은 성전의 여인들의 뜰에서 거대한 횃불을 밝힙니다. 이러한 초막절을 배경으로 예수님께서는 믿는 자는 그 배에서 생수의 강이 흘러 나리라 하시며(요 7:38), 나는 세상의 빛이라 하십니다(요 8:12). 멀게는 9-10장의 나면서 맹인 된 자의 이야기와 양의 우리, 선한 목자의 메시지는 초막절과 수전절 사이에 있었던 이야기로 초막절 메시지의 결과와 수전절 메시지를 잇는 역할을 합니다.

먼저, 앞선 말씀들이 예수님의 표적 등과 같은 이적을 먼저 전하고 말씀하심에 반해 7-8장의 말씀은 이적 없이 예수님의 말씀의 선포로 이루어집니다.

■ 요한복음 7장의 구조적 이해

요 7:1: 갈릴리 사역

요 7:2-9: 형제들의 불신

요 7:10-13: 초막절에 예루살렘에 올라가심

요 7:14-36: 초막절 중간 예수님의 강화와 논쟁

요 7:37-44: 초막절 끝 날 예수님의 강화와 논쟁

요 7:45-52: 대제사장들과 바리새인들의 불신

1. 예수님께서 갈릴리에서 다니시고 유대에서 다니려 아니하심을 살펴봅시다(1절).

"그 후에 예수께서 갈릴리에서 다니시고 유대에서 다니려 아니하심은 유대인들이 죽이려 함이러라"(요 7:1)

공관복음에 따르면 예수님의 주된 사역은 갈릴리를 중심으로 이루어집니다. 그러나 요한복음은 앞선 예와 마찬가지로 갈릴리의 사역을 짧게 언급하고 예루살렘 사역을 전합니다. 제1-3차 갈릴리 사역 중에 요한복음 7장1절은 제3차 갈릴리 사역을 간략하게 요약정리하며 공관복음의 내용과의 중복을 피합니다. 비록 한 절이지만 이 한 절에 제3차 갈릴리 사역이 담겨져 있음을 주시하여야 합니다.

제1차 갈릴리 사역: 제자들을 부르심 이후

제2차 갈릴리 사역: 제자들을 택하심 이후

제3차 갈릴리 사역: 제자들을 파송하심 이후


예수님께서는 유대인들이 자신을 죽이려 하심을 아시고 아직 때가 되지 아니하셨기에 유대에 다니려 하지 않으셨습니다.

## 2. 유대인의 명절인 초막절이 가까이 옴을 살펴봅시다(2절).

이는 요한복음 7-8장의 시간적인 배경을 보여줍니다. 초막절은 이스라엘의 3대 절기 중의 하나로 수장절, 장막절이라고도 불립니다. 초막절은 세 가지에 대한 감사로 정리할 수 있습니다. 첫째, 수확에 대한 감사입니다. 초막절을 수장절이라 함은 이 절기는 한 해의 추수를 다 마치고 그 수확물을 저장한 후 7일 동안 이루어지는 '추수감사제'적인 의미를 가지기 때문입니다. 초막절은 태양력으로는 9-10월에 해당됩니다.

둘째, 신년에 대한 감사입니다. 초막절은 '신년 감사제'의 의미를 가집니다. 이는 초막절은 유대 민간력의 신년에 해당되기 때문입니다. 초막절은 7월의 세 절기 중의 하나로서 신년제가 되는 7월1일의 나팔절을 지나 7월10일의 대속죄일 5일 후가 되는 7월15일로부터 일주일간 드려집니다.

마지막으로 셋째, 하나님의 보호와 인도하심에 대한 감사입니다. 초막절은 이스라엘의 역사를 배경으로 합니다. 출애굽 한 이스라엘이 광야에서 초막을 지었듯이 이스라엘은 7일 동안 초막을 짓고 하나님의 보호와 인도하심을 회상합니다.

### 3. 예수님의 형제들은 무엇을 원하였습니까?(1-2절).

예수님의 형제들은 예수님께 유대로 가기를 원하였습니다. 수많은 이적과 표적을 본 그들은 예수님의 그러한 능력을 유대에서 나타내어 그들로 하여금 믿게 하기를 원하였습니다. 스스로 나타나기를 구하면서 묻혀서 일하는 사람이 없듯 자신을 생각을 나타내기를 구하였습니다. 그러나 이는 사단의 세 가지 시험 중의 한 가지였습니다. 자신의 명예를 위하여 주님께서 일하신 것이 아닌 것입니다. 그러므로 성경은 이들의 구함에 관하여 다음과 같이 전합니다.

"이는 그 형제들까지도 예수를 믿지 아니함이러라"(5절)

### 4. 형제들의 구함에 대한 예수님의 말씀을 살펴봅시다(6-9절).

예수님께서 아직 유대에 올라가시지 않으신 것은 자신을 죽이고자 하는 자들에 대한 두려움 때문이 아니었습니다(1절). 예수님께서 또한 유대에 올라가시지 않으신 것은 자신을 숨기고자 하심도 아니었습니다(4절). 예수님께서 예루살렘에 올라가심은 그분의 명예를 위한 것도 더더욱 아니었습니다(4절). 다만 아직 예루살렘에 올라가시지 않으심은 그분의 때가 되지 않았기 때문입니다(8절).

5. 명절에 예수님께서 예루살렘에 올라가심과 유대인들이 예수님을 찾음을 살펴봅시다(10-13절).

　당장에 명절에 올라가심을 거절하시고 공적으로 행하시지 않으신 예수님께서는 그 형제들이 명절에 예루살렘에 올라간 후에 사적으로 은밀히 가셨습니다. 명절 중에 유대인들은 예수님을 죽이기 위하여 찾았고 무리 중에서는 어떤 사람은 좋은 사람이라 하며 어떤 사람은 아니라 무리를 미혹한다 하나 유대인들을 두려워하므로 드러나게 하는 예수님에 대하여 말하는 자가 없었습니다.

## 묵상

01   초막절과 예수 그리스도에 관하여 나누어 봅시다.

02   형제들의 불신에 관하여 나누어 봅시다.

03   예수님께서 이후에 예루살렘에 올라가심에 관하여 나누어 봅시다.

## 되새김

예수님께서 형제들의 요구에도 불구하고 바로 예루살렘에 올라가시지 않음은 두려움에 의한 것도, 자신의 숨기시기 위함도 아니었으며, 자신의 명예를 드러내시고자 하심도 아니었음을 알게 하십니다. 예수님은 오직 하나님의 때와 뜻을 따라 행하셨습니다.

# 초막절의 강화와 논쟁 1
## 7장14~36절

## Key Point

초막절에 자신을 숨기고 예루살렘에 들어오신 예수님께서는 명절 중간에 자신을 밝히 드러내시며 가르치십니다. 이번 과는 명절 중간에 있었던 예수님의 강화와 논쟁에 관하여 전합니다.

# 본문 이해

요한복음 7-8장은 유대인의 3대 절기인 초막절을 전후를 배경으로 합니다. 이전 과에서 예수님께서는 형제들과 함께 예루살렘에 올라가시지 않고 은밀하게 올라가셨습니다. 이제 이번 과에서 예수님께서는 명절 중간에 자신을 드러내며 가르치십니다.

## 1. 명절의 중간에 예수님께서 자신을 드러내심을 살펴봅시다(14절).

초막절 절기의 시작에는 은밀히 행하셨던 주님께서 명절의 중간에 성전에 올라가서 가르치시기 시작하셨습니다. 예수님께서는 사람들의 인기를 원하신 것도 사람들과의 대결을 원하신 것도 아니었습니다. 주께서는 다만 하나님의 뜻을 따라 그 뜻을 이루시기를 원하신 것입니다.

## 2. 유대인들의 놀람과 예수님의 답변을 살펴봅시다(15-19절).

사람의 외적인 조건을 중요하게 여기는 인생에게 있어서 예수님의 능력은 놀라운 것이었습니다. 유대인들은 예수님께서 배우지 않으심에도 불구하고 글을 아는 것을 놀랍게 여겼습니다. 글을 안다고 하는 것은 예수님의 높은 학문의 깊이를 가르치며 회당과 예루살렘에 있는 전문 교육 기관의 배움이 없는 예수님께서 랍비의 교훈과 미쉬나 등 율법을 해석하는 능력에 놀란 것입니다.

예수님의 가르침에 놀라는 사람들을 향하여 예수님께서는 세 가지를 말씀하십니다. 첫째, 예수님의 교훈은 자신의 것이 아니라 그를 보내신 이의 것입니다. 이는 교훈의 출처를 나타낸 것입니다. 예수님께서는 철저하게 자신의 교훈이 하나님께로 말미암은 것을 아시고 드러내셨습니다.

둘째, 예수님의 교훈은 하나님의 뜻을 행함에 있습니다. 우리는 우리의 교훈을 근거가 어디로부터 인지를 알아야 하며 그 교훈의 목적이 무엇인지를 알아야 합니다. 자신의 의를 드러내고, 자신의 영광을 드러내는 것은 하나님의 뜻과 어긋나며 더 나아가 하나님께로 말미암은 교훈일 수 없습니다.

셋째, 예수님의 교훈은 율법을 지키는 자가 없음을 밝히셨습니다. 하나님께서는 모세를 통해서 율법을 주셨으나 예수님의 가르침에 비추어 볼 때에 율법을 지키는 자가 없었습니다. 이는 외적인 율법이 아닌 율법의 정신에 비추어 볼 때에 하나님의 뜻과 무관하였기 때문입니다.

## 3. 할례를 통한 교훈을 살펴봅시다(20-24절).

"너희가 어찌하여 나를 죽이려 하느냐"(19절)는 말씀에 무리는 "당신은 귀신 들렸도다 누가 당신을 죽이려 하나이까"(20절)라 하였습니다. 유대인들의 예수님을 죽이고자 함을 알지 못한 사람들은 오히려 예수님께서 귀신 들렸다 하였습니다. 이들은 예수님의 말씀에 동정하기 보다는 오히려 적대적인 태도를 취하였습니다.

이에 예수님께서는 저들에게 할례를 통한 교훈을 주십니다. 난지 8일에 행하는 할례를 비록 안식일이라도 행하였습니다. 하나님의 백성의 언약의 표징이 되는 할례를 안식일 규정에 예외 규정이 될 수 있었습니다. 하물며 안식일에 사람의 전신을 건전하게 하는 일을 통해 노여워하는 것은 바람직스럽지 못한 일입니다. 예수님께서는 '외모로 판단하지 말고 공의롭게 판단하라' 하셨습니다.

## 4. 예수님께서 그리스도이심에 관한 의문과 예수님의 답변을 살펴봅시다 (25-29절).

예루살렘에 모인 사람 중에 어떤 사람은 예수님의 그리스도이심에 대한 의문을 제기합니다. 먼저 유대 당국자들이 예수님을 죽이고자 하나 예수님께서 자신들 드러내고 말씀하시되 아무 말도 하지 않음을 통해서 유대 당국자들이 예수님께서 그리스도이심을 인정하는 것이냐고 묻습니다. 그러나 그리스도께서 오실 때에는 어디서 오시는 아는 자가 없으므로 갈릴리 나사렛 출신의 예수님은 그리스도이실 수 없다 한 것입니다.

"그러나 우리는 이 사람이 어디서 왔는지 아노라 그리스도께서 오실 때에는 어디서 오시는지 아는 자가 없으리라 하는지라"(27절)

이에 예수님께서는 자신에 관하여 사람들이 예수님 자신과 어디서 온 것도 아나 이는 참된 앎이 아닙니다. 곧 예수님의 육신의 기원이 아닌 예수님께서 아버지 하나님께로부터 온 것은 알지 못한 것입니다. 사람들은 예수님을 보내신 아버지를 알지 못하였습니다. 예수님께서는 아버지를 아시며 그에게서 났고 그의 보내심을 받은 것입니다.

예수님의 이러한 자신의 기원에 관하여 드러냄에 유대의 지도자들은 예수님을 잡고자 하나 손을 대는 자가 없었습니다. 이는 그의 때가 아직 이르지 않았기 때문입니다.

5. 예수님의 말씀에 믿는 자들과 믿지 않는 자들을 살펴봅시다(31-36절).

예수님의 말씀에 무리 중의 많은 사람이 예수님을 믿었습니다. 그들은 그리스도께서 오실지라도 그 행하실 표적이 이 사람이 행한 것보다 더 많으랴 하였습니다. 그러나 대제사장들과 바리새인들은 오히려 예수님을 잡기 위하여 아랫사람들을 보내었습니다. 예수님께서는 다음과 같이 말씀하셨습니다.

"내가 너희와 함께 조금 더 있다가 나를 보내신 이에게로 돌아가겠노라 너희가 나를 찾아도 만나지 못할 터이요 나 있는 곳에 오지도 못하리라"(33-34절)

이에 대한 조금 더 자세한 선포하심이 8장21-24절 가운데 나타납니다. 유대인들은 서로 묻기를 이 사람이 어디로 가기에 우리가 그를 만나지 못하리요 헬라인 중에 흩어져 사는 사람들에게로 가서 헬라인을 가르칠 터인가 '나를 찾아도 만나지 못할 터이요 나 있는 곳에 오지도 못하리라' 한 이 말이 무슨 말이냐 하였습니다.

## 묵상

01  초막절 중간에 행하신 예수님의 가르침에 관하여 나누어 봅시다.


02  예수님을 잡고자 하는 자들의 시도와 무산에 관하여 나누어 봅시다.


03  예수님의 말씀 가운데 믿는 자들의 믿음은 무엇으로 말미암은 것이었습니까?(31절)


## 되새김

초막절 중간에 예수님께서는 밝히 말씀하셨으나 여전히 사람들의 믿음은 말씀보다는 표적에 있었습니다. 믿는 자들 또한 표적을 바라보며 믿음을 가졌습니다.

PART

# 21

## 초막절의 강화와 논쟁 2
## 7장37~52절

## Key Point

명절 중간에 예수님의 가르침이 자신을 향한 선포라면 명절 끝 날에 예수님의 가르침은
자신을 믿는 자에게 주실 약속에 대한 말씀입니다. 앞서 사마리아 여인에게 영생하도록
솟아나는 샘물에 관하여 약속하셨다면(요 4:14) 이번 과에서는 그 배에서 생수의 강이 흘
러나올 것을 말씀하십니다.

요한복음 7-8장은 AD 29년 경의 초막절을 전후를 배경으로 합니다. 이번 과는 명절 끝 날에 주어진 가르침으로 믿는 자가 받을 성령에 관한 말씀입니다. 성령은 한편으로 우리들에게 솟아나는 샘물이 되시며(요 4:14) 다른 한편으로 그 배에서 흘러나오는 생수의 강이 되십니다(요 7:38).

### 1. 명절 끝날 예수님께서 외치심을 살펴봅시다(37-39절).

예수님께서는 초막절의 명절에 공적으로 올라가시기를 거절하셨지만 사적으로 은밀하게 가셨습니다. 초막절의 절기 중간에 자신을 드러내시고 성전에서 가르치셨습니다. 이제 명절 끝날 곧 큰 날에 예수님께서 서서 외쳐 이르시기를

"누구든지 목마르거든 내게로 와서 마시라 나를 믿는 자는 성경에 이름과 같이 그 배에서 생수의 강이 흘러나오리라"(37-38절)

라 하셨습니다. 이 날은 명절의 마지막 날입니다. 예수를 믿는 자에게 주시는 또 한 번의 특권에 관하여 전하십니다.

"영접하는 자 곧 그 이름을 믿는 자들에게는 하나님의 자녀가 되는 권

세를 주셨으니"(요 1:12)

초막절의 행사 중에 하나는 붓 긷는 행사입니다. 매일 새벽에 제사장은 실로암 못으로 내려가 금항아리에 물을 가득 담아 제단 서편 굴뚝에 붓습니다. 이를 연상하며 생수의 강을 말씀하십니다. 그 배에서 흘러나오는 생수의 강은 그를 믿는 자들이 받을 성령을 가리켜 말씀하신 것입니다.

## 2. 예수님의 말씀에 대한 무리들의 반응을 살펴봅시다(40-44절).

예수님께서 복음을 선포하실 때에 사람들의 반응은 나누어졌습니다. 이 말씀을 들을 때에 무리 중에서 어떤 사람은 이 사람이 참으로 그 선지자라 하며 어떤 사람은 그리스도라 하며 어떤 이들은 그리스도가 어찌 갈릴리에서 나오겠느냐 성경에 이르기를 그리스도는 다윗의 씨로 다윗이 살던 마을 베들레헴에서 나오리라 하지 아니하였느냐 하며 예수님으로 말미암아 무리 중에서 쟁론이 되었습니다. 그중에는 예수님을 잡고자 하는 자들도 있으나 손을 대는 자가 없었습니다.

## 3. 산헤드린 내부의 쟁론을 살펴봅시다(45-52절).

산헤드린 공회의 지도자들은 예수님을 잡기 위하여 아랫사람들을 보냈습니다(요 7:32). 이제 이들이 돌아왔을 때에 그들은 아무런 성과 없이 돌아왔습니다. 이에 대제사장들과 바리새인들은 그들에게 어찌하여 잡아오지 못하였느냐 질책하였습니다. 이에 아랫사람들은 '그 사람이 말하는 것처럼 말한 사람은 이 때까지 없었나이다'라 하였습니다. 이에 바리새인들은 '너희도 미혹되었느냐', '당국자들이나 바리새인 중에 그를 믿는 자가 있느냐'고 물으며 '율법을 알지 못하는 이 무리는 저주를 받은 자로다'며 정죄하였습니다.

이에 당국자 중의 한 사람이 되며 전에 예수님께 왔던 니고데모가 그들에게 '우리 율법은 사람의 말을 듣고 그 행한 것을 알기 전에 심판하느냐'고 저들의 선언에 항의를 합니다. 그러나 당국자들은 여전히 지역적인 차별과 천시를 가지고 '너도 갈릴리에서 왔느냐 찾아 보라 갈릴리에서는 선지자가 나지 못하느니라'고 하였습니다.

## 묵상

01  초막절 중간과 끝 날의 메시지의 차이를 살펴봅시다.


02  솟아나는 샘물과 흘러나오는 생수의 강에 관하여 나누어 봅시다.


03  대제사장들과 바리새인들의 불신과 니고데모에 관하여 나누어 봅시다.


## 되새김

성령으로 세례를 베푸시는 이(요 1:33), 물과 성령으로 말미암은 거듭남(요 3:5), 성령으로 영생하도록 솟아나는 샘물(요 4:14) 진리의 성령으로 말미암은 예배(요 4:23) 계속된 성령에 관한 가르침으로  이 초막절에 예수님께서 자신을 믿을 것과 또한 믿는 자에게 주시는 성령에 관하여 가르치십니다.

# PART

# 22

## 간음한 여인
## 8장1~11절

## Key Point

요한복음 7장과 8장은 초막절을 전후로 한 말씀입니다. 7장이 초막절에 있었던 강화라면 이번 과는 초막절 후에 현장에서 붙잡힌 간음한 여인을 통한 용서를 전하며 8장 강화의 서두가 됩니다.

　이적이나 표적 다음으로 이어졌던 예수님의 긴 강화와 가르침에 반해 7장에서는 표적과 이적이 없이 초막절의 예수님의 가르침을 바탕으로 강화와 논쟁이 있었습니다. 이에 제8장에서도 이러한 특징과 같이 이적과 표적이 없이 현장에서 간음한 여인에 대한 예수님의 용서에 이어 긴 강화를 전합니다.

　성경의 원문을 복원하기 위한 본문 비평에 익숙하지 않은 성도들은 성경의 (없음)이라는 구절과 어떠한 본문이 성경 본문에서 배제되어야 한다는 사실에 당혹할 수밖에 없을 것입니다. 그러나 이는 우리들의 믿음과 신앙을 흔들지 못하며 성장통 후에 더 큰 성장이 있듯이 말씀에 대해 더 깊이에 이르게 할 것입니다. 요한복음 7장53절-8장11절의 간음한 여인 이야기의 본문은 초기 대문자 사본들에서는 발견되지 않으며(א B N T W) 고대 수리아 역본들, 콥틱 역본들, 일부 소문자 사본들에도 나오지 않습니다. 중세의 헬라어 사본들에 등장하는 본문을 초기 교부들은 이 이야기를 생략하고 주해하여 7장52절에서 8장12절로 넘어갔으며 현대 영어 성경인 NIV에서는 이 이야기를 나머지 본문과 구분하여 그 이유를 설명하였고, RSV에서는 이 이야기를 각주로 처리하였습니다. 그러나 이러한 논쟁이 있음에도 불구하고 이 이야기 자체를 의심하는 것은 아니기에 본문에 위치한 간음한 여인의 이야기를 통해서 그 이유와 메시지의 교훈을 얻을 수 있습니다.

■ 요한복음 8장의 구조적 이해

　　　요 8:1: 감람 산에 가심

　　　요 8:2: 성전에 들어가 가르치심

　　　요 8:3-11: 간음한 여인을 용서하심

　　　요 8:12-20: 세상의 빛이신 예수님

　　　요 8:21-30: 위로부터 난 자

　　　요 8:31-59: 진리가 너희를 자유롭게 하리라

## 1. 예수님께서 성전에서 가르치심을 살펴봅시다(1-2절).

　　예수님께서 전날 밤에 감람 산으로 가셨습니다. 예수님께서 감람 산에 들어가심은 하나님과의 교제로, 기도하시기 위함이셨습니다. 성전에 들어가심은 그곳에 나아오는 백성들과의 교제로, 그들을 가르치시기 위함이셨습니다. 예수님께는 언제나 '기도와 말씀의 균형'이 있었으며 '하나님과 사람들과의 균형'이 있었습니다. 십자가의 모형은 이러한 균형을 보여줍니다. 십계명은 이러한 균형을 보여줍니다.

## 2. 음행 중에 잡힌 여자에 대한 정죄를 살펴봅시다(3-6절).

　　주님께서 아침에 성전에서 가르치실 때에 바리새인들과 서기관들은 음행 중에 잡힌 한 여자를 끌고 와서 가운데 세웠습니다. 서기관들과 바리새인들이 여인에게 행한 일을 먼저 보아야 할 것입니다. '잡았다, 끌고 왔다, 세웠다'는 말은 어떠한 판결을 내리기 전에 이미 정죄함이 있는 것입니다. 한 여인은 두려움 가운데 사로잡혔으며, 무기력하게 끌려 왔으며, 수치심으로 세운 바 되었습니다.

바리새인과 서기관들이 근거한 율법은 다음과 같습니다.

"처녀인 여자가 남자와 약혼한 후에 어떤 남자가 그를 성읍 중에서 만나 동침하면 너희는 그들을 둘 다 성읍 문으로 끌어내고 그들을 돌로 쳐 죽일 것이니 그 처녀는 성안에 있으면서도 소리 지르지 아니하였음이요 그 남자는 그 이웃의 아내를 욕보였음이라 너는 이같이 하여 너희 가운데에서 악을 제할지니라"(신 22:23-24)

죄된 세상에서 죄 가운데 있는 사람을 찾는 것은 결코 어려운 일이 아닙니다. 이제 이들이 음행한 여인을 붙잡은 이유는 무엇입니까? 사람들의 목적은 음행한 여인에게 있지 않았습니다. 바리새인과 서기관들은 율법의 정죄를 이미 받은 여인을 예수님 앞에 세움은 예수님을 고발할 조건을 얻고자 함이었습니다. 만일 돌로 치라하면, 현행법을 어기며 그의 사랑의 가르침이 거짓됨을 밝히고 돌로 치지 말라 하면 모세의 율법을 어김으로 말미암아 여인을 향한 돌을 사실은 주님께 던지고자 하였던 그들입니다. 얼마나 간사합니까? 여인을 향한 돌을 가지고 있지만 그들의 마음은 그 돌을 주님께 향하고 있었던 것입니다.

그러나 우리는 누구의 죄가 더 큰 지를 깨달아야 합니다. 음행 중에 잡힌 여자의 일은 이들이 문제시한 일입니다. 이러한 일은 언제나 있는 것입니다. 음행 중에 잡힌 여자가 악을 행하였다면 바리새인과 서기관들의 죄는 악을 악하게 사용하였다는 것입니다. 이들의 죄는 더욱 큰 죄가 아닐 수 없는 것입니다.

## 3. 예수님께서 행하신 두 가지 일을 살펴봅시다(6-8절).

주님께서는 사람들의 질문에 즉시 대답하시지 않으시고 몸을 굽혀 손가락으로 땅에 무언가를 쓰셨습니다. 그분의 손가락은 돌판에 십계명을 쓰신 손가락입니다. 예수님께서 무엇을 땅에 쓰셨는지 알 수 없는 이들은 묻기를 계속하였습니다.

이에 주님께서는 그들의 영혼을 깨우시는 말씀을 주셨습니다.

"너희 중에 죄 없는 자가 먼저 돌로 치라"(7절)
전혀 예상치 못한 예수님의 말씀에, 그들은 새로운 법을 깨닫게 되었습니다. 그것은 양심입니다. 그들은 양심의 가책을 느끼기 시작하였습니다. 간음한 여인의 일을 통해서 그들은 잃었던 양심의 소리를 듣게 되었습니다.

사람들은 예수님의 한 말씀에 자신의 죄인 됨을 인정할 수밖에 없었습니다. 또한 그들은 그곳에 서 있을 수 있는 심판자가 아니다는 것을 인정할 수밖에 없었습니다. 그들은 의인이 아니며, 심판자가 아니며 더 나아가 구경꾼조차 될 수 없었습니다. 이 구경거리 좋은 곳에서 떠날 수밖에 없었던 것입니다.

## 4. 예수님께서 여자에게 말씀하심을 살펴봅시다(9-11절).

예수님의 말씀을 듣고 양심에 가책을 느낀 사람들은 어른으로부터 시작하여 젊은이까지 하나씩 하나씩 나가고 오직 예수님과 그 가운데 섰는 여자만 남았습니다. 참으로 극적인 장면입니다. 거센 폭풍이 갑자기 사라짐이 된 것입니다. 주님께서 말씀하시면 이처럼 인생의 문제는 한순간에 사라지는 것입니다.

주님께서는 이번에는 여자에게 물으셨습니다.

"여자여 너를 고발하던 그들이 어디 있느냐 너를 정죄한 자가 없느냐"(10절)
"주여 없나이다"(11절)

예수님께서는 먼저 고발하던 자들의 자격을 상실하게 하고 그 누구도 이와 같을 수 없게 하십니다. 그러므로 정죄하던 권세가 사라지게 하십니다. 그러므로 정죄감에 쌓여 생활하는 것은 하나님의 뜻이 아닙니다.

주님은 이 땅에 의인이 없고 또한 심판자가 없음을 통해서 고발하던 그들로 떠나게 하셨습니다. 그러나 오늘날 주님께서는 더 큰 권세와 능력으로 그 누구도 성도를 고발할 수 없게 하시며 또한 정죄하지 못하게 하시는 것입니다.

"누가 능히 하나님께서 택하신 자들을 고발하리요
의롭다 하신 이는 하나님이시니 누가 정죄하리요
누가 우리를 그리스도의 사랑에서 끊으리요"(롬 8: 33-35)

주님께서는 여자에게 말씀하셨습니다.

"나도 너를 정죄하지 아니하노니 가서 다시는 죄를 범하지 말라"(11절)

주님께서 우리들을 받으심은 우리들의 죄를 인정하시는 것이 아니라 우리의 죄를 용납하시는 것입니다. 하나님께서는 우리들의 연약함을 용납하십니다. 인생의 한계를 아시고, 연약하심을 아시는 것입니다. 이제 주님의 용서는 그 죄 가운데 머물러 있는 것이 아니라 그 죄에서 떠나게 하십니다.

## 묵상

01  간음하다가 현장에서 붙잡힌 여인을 통한 음모는 무엇입니까?

02  너희 중에 죄 없는 자가 먼저 돌로 치라 하심에 관하여 나누어봅시다.

03  예수님께서 용서함을 받은 여인에게 주신 말씀에 관하여 나누어 봅시다.

## 되새김

성전에서 가르치시는 예수님께 서기관들과 바리새인들은 현장에서 붙잡힌 여인을 통해서 시험하였습니다. 그러나 예수님께서는 이 사건을 통해서 오히려 가르침의 기회로 삼으셨습니다. 죄 없는 자가 먼저 돌로 치라 하심은 예수님의 지혜일 뿐만 아니라 이 일을 예수님께서는 가르침의 기회로 삼으셨음을 기억하여야 할 것입니다.

PART

# 23

## 세상의 빛
## 8장12~20절

## Key Point

요한복음 8장은 간음한 여인에 관한 말씀 이후로 긴 예수님의 강화가 이어집니다. 이번 과는 빛이신 예수 그리스도에 관하여 말씀하심으로 빛이신 예수님을 따르는 자는 생명을 얻게 되며, 아버지를 알게 될 것을 말씀하십니다.

## 본문 이해

초막절 절기에 예수님은 자신을 믿는 자에게 약속하신 '생수의 강'에 이어 자신을 '세상의 빛'으로 소개합니다. 초막절에 성전의 여인들의 뜰에는 4개의 황금 촛대에 불을 밝힙니다. 이 빛을 보며 예수님께서는 자신이 참된 빛이 되심을 선포하십니다.

특별히 이 말씀은 성전에서 가르치실 때에 헌금함 앞에서 하신 것입니다. 헤롯의 성전의 여인들의 뜰에는 13개의 연보궤가 있었습니다. 그러나 잡는 사람이 없었으니 이는 그의 때가 아직 이르지 아니하였기 때문입니다.

### 1. 세상의 빛이 되신 예수님을 살펴봅시다(12절).

"예수께서 또 말씀하여 이르시되 나는 세상의 빛이니 나를 따르는 자는 어둠에 다니지 아니하고 생명의 빛을 얻으리라"(12절)

예수님은 자신을 '세상의 빛'으로 소개하십니다. 예수님께서 세상의 빛이 되심은 세상의 어두움을 전제합니다. 세상의 빛이 되신 예수님이 없는 세상은 어두움입니다. 요한복음은 이 빛을 생명으로 전합니다.

"그 안에 생명이 있었으니 이 생명은 사람들의 빛이라"(요 1:4)

요한복음 1장4절의 말씀과 같이 요한복음 8장12절에서는 이 세상의 빛을 달리 '생명의 빛'이라 하십니다. 사람이 이 생명의 빛을 얻기 위해서 주님을 따르는 자가 되어야 합니다. 요한복음 1장에서 참 빛 되신 예수님을 영접해야 함을 가르치신다면 8장에서는 더 나아가 주를 따르는 자가 되어야 하는 것입니다(요 1:9-12).

## 2. 바리새인의 논쟁을 살펴봅시다(13절).

예수님의 자기 증언에 바리새인들은 네가 너를 위하여 증언하니 네 증언은 참되지 않다고 하였습니다. 이는 율법의 가르침에 근거합니다. 한 사람의 증언으로 효력이 없습니다(신 17:6, 19:15, 민 35:30).

"죽일 자를 두 사람이나 세 사람의 증언으로 죽일 것이요 한 사람의 증언으로는 죽이지 말 것이며"(신 17:6),

## 3. 바리새인들의 논쟁에 대한 예수님의 답변을 살펴봅시다(14-18절).

먼저 예수님께서는 예수님 자신의 증언의 특별함에 관하여 알게 하십니다. 예수님께서 자신을 위하여 증언하여도 그 증언은 참됩니다. 예수님 자신이 참된 증언자가 되십니다. 이는 연약한 우리와 달리 그분은 참된 증언자가 되심을 알게 하십니다. 주님께서는 자신이 어디서 오며 어디로 가는지를 아시지만 사람들은 알지 못합니다.

또한 그는 판단하여도 그 판단은 참되십니다(16절). 그는 참 증언자가 되시며 참 판단자가 되십니다. 사람들은 육체를 따라 판단하나 주는 아무도 판단하시지 않으십니다. 그러나 만일 판단하여도 주의 판단은 참되십니다. 왜냐하면 주는 혼자 있는 것이 아니라 그를 보내신 이와 함께 하시기 때문입니다. 율법에 두 사람의 증언이 참됨과 같이(신 17:6) 주께서 자신을 위하여 증언하는 자가 되고 그를 보내신 아버지도 주를 위하여 증언하십니다.

### 4. 바리새인들의 질문과 예수님의 답변을 살펴봅시다(19절).

예수님의 대답하심에 다시 바리새인들은 묻기를 '네 아버지가 어디 있느냐' 하였습니다. 그들은 아버지에 관하여 물었지만 사실은 주에 관하여 물어야 했습니다. 왜냐하면 아버지는 아들을 통하지 않고는 알 수 없기 때문입니다. 그러므로 주님께서는 대답하시기를 '너희는 나를 알지 못하고 내 아버지도 알지 못하는도다 나를 알았더라면 내 아버지도 알았으리라'고 하신 것입니다.

### 5. 예수님의 말씀의 때와 장소를 살펴봅시다(20절).

세상의 빛이신 예수님에 관한 강화에 관하여 말씀하신 때는 성전에서 가르치실 때이며 구체적인 장소로는 여인들의 뜰의 연보궤(헌금함) 앞에서 하셨습니다.

## 묵상

01  빛이신 예수님을 따르는 자가 얻게 될 것은 무엇입니까?

02  빛이신 예수님을 따르지 않는 자의 모습은 무엇입니까?

03  아버지에 관하여 아는 법은 무엇입니까?

## 되새김

나를 아는 것이 중요하지만 주를 알지 못하는 자는 결국 아무것도 아는 것이 아닙니다. 왜냐하면 주님이 바로 생명이시기 때문입니다. 예수님께서는 자신을 빛이라 말씀하셨습니다. 빛이신 주님을 따르는 자는 생명을 얻기에 그분은 진실로 생명의 빛이 되십니다.

# 24

## 위에서 난 자
## 8장21~30절

## Key Point

요한복음 7-8장은 초막절과 관련된 메시지의 연속입니다. 이번 과는 위로부터 오신 예수 그리스도에 관하여 말씀하심으로 위로부터 오신 자를 믿지 않는 자는 결국 그들의 죄 가운데 죽을 것을 경고하십니다.

앞선 말씀에서 예수님께서는 자신을 '세상의 빛'으로 말씀하시고 또한 '생명의 빛'이라 하셨습니다. 이제 이번 과에서는 예수님의 자기 계시를 좀 더 구체적으로 전합니다. 예수님은 '위에서 난 자'입니다. 빛이신 주님을 따르지 않는 자는 어둠 가운데 행하며 생명을 얻지 못함과 같이 위에서 난 자를 믿지 않는 자는 결국 세상에 속하여 그들의 죄 가운데 죽는 것입니다.

## 1. 인생의 운명에 관하여 살펴봅시다(21절).

"다시 이르시되 내가 가리니 너희가 나를 찾다가 너희 죄 가운데서 죽겠고 내가 가는 곳에는 너희가 오지 못하리라"(21절)

예수님을 진실로 만나기 위해서는 인생의 운명이 어떠한가를 알아야 합니다. 하나님의 은혜는 결코 작은 가치의 것이 아닙니다. 인생의 운명은 주를 찾다가, 죄 가운데 죽고, 주께서 가는 곳에 이르지 못하는 것입니다. 이는 예수 그리스도가 없는 인생의 운명입니다. 하나님을 알기 위해서는 주를 알아야 합니다. 그리스도를 알지 못하고 하나님을 알 수 없으며 그리스도 없이는 아버지께 나아갈 수 없습니다. 그러므로 인생은 중보자를 구하나 결국 찾지 못하고, 자신의 죄 가운데 죽어 아버지 나라에 이르지 못하는 것입니다.

## 2. 유대인들의 조소를 살펴봅시다(22절).

복음을 깨닫지 못하는 자들에게 복음은 오히려 조소와 조롱거리가 됩니다. 자신의 처지를 깨닫지 못한 인생은 값진 선물과 은혜 앞에서 도리어 그 은혜를 하찮게 여기는 것입니다. 유대인들은 예수님께서 오지 못하리라는 말씀에 예수님께서 자결하려는가 하였습니다.

## 3. 예수님과 인생의 근본적인 차이를 살펴봅시다(23-24절).

예수님의 자기 증거는 예수님께서 메시야가 되시고, 중보자가 되심의 자격을 보여주십니다. 예수님은 사람이 되셨지만 사람과 다른 근원을 가지고 계시므로 인생의 구원자가 되십니다. 예수님의 자기 증거는 세례 요한의 증거와 동일합니다.

"위로부터 오시는 이는 만물 위에 계시고 땅에서 난 이는 땅에 속하여 땅에 속한 것을 말하느니라 하늘로부터 오시는 이는 만물 위에 계시나니"(요 3:31)

"예수께서 이르시되 너희는 아래에서 났고 나는 위에서 났으며 너희는 이 세상에 속하였고 나는 이 세상에 속하지 아니하였느니라"(요 8:23)

예수님과 인생의 근본적인 차이는 예수님께서는 위에서 나셨고 세상에 속하지 아니하시나 인생은 아래에서 났고 이 세상에 속한 것입니다. 그러므로 주님을 믿지 아니하면 자신들의 죄 가운데 죽을 것입니다.

4. '네가 누구냐'는 유대인들의 질문과 예수님의 답변을 살펴봅시다(25-27절).

　인생의 운명에 대하여 예수님께서는 자신이 소망이 되심을 알게 하셨으나 여전히 저들은 '네가 누구냐'고 하였습니다. 주는 처음부터 그들에게 말하여 온 분으로 곧 메시야입니다. 예수님께서 말하시는 모든 것은 자신을 보내신 이로 말미암습니다. 그러나 유대인들은 주를 보내신 이가 '아버지'임을 깨닫지 못하였습니다.

5. 성자 하나님과 성부 하나님의 관계를 살펴봅시다(28-30절).

　예수님께서는 그들이 예수님께서 메시야이심을 알 때를 말씀하여 주셨습니다. 곧 그들이 인자를 든 후에 예수님께서 바로 그분이심을 알게 될 것입니다. 이는 예수님께서 십자가에 죽으심과 부활, 승천을 예고하심의 말씀입니다. 더 나아가 메시야의 사역이 무엇인지를 배웁니다. 곧 메시야이신 성자 하나님은 혼자가 아니며 성부 하나님께서 가르치신 것을 말하며 그를 보내신 성부 하나님과 함께 하시며, 성부 하나님의 기뻐하시는 일을 행하십니다.

　예수님께서 이 말씀을 하시니 많은 사람이 믿었습니다.

01  '위에서 난 자'이신 예수님에 관하여 나누어 봅시다.

02  '위에서 난 자'이신 예수님의 말씀에 대한 유대인들의 무지와 오해에 관하여 나누어 봅시다.

03  아들을 보내신 이가 행하신 일들에 관하여 나누어 봅시다.

## 되새김

요한복음에서 따른다는 것은 또한 믿는 것입니다. 그를 따르지 않는 자는 곧 그를 믿지 않는 것입니다. 위에서 난 자이신 예수 그리스도를 믿지 않는 자는 결국 자신의 죄 가운데 죽게 됩니다. 이번 과에서 주님께서는 세 번이나 믿지 않는 자는 그들의 죄 가운데 죽을 것을 경고하십니다.

PART

# 25

## 진리가 자유롭게 하리라
## 8장31~59절

### Key Point

요한복음 7-8장은 초막절과 관련된 메시지의 연속입니다. 빛이신 예수 그리스도, 위에서 난 자이신 예수 그리스도에 이어 이번 과는 진리로 자유케 하시는 예수 그리스도에 관하여 증거하십니다.

예수님은 빛이십니다. 그를 따르지 않는 자는 어둠에 거합니다.

예수님은 생명의 빛이십니다. 이 빛은 생명의 빛입니다.

예수님은 위에서 난 자이십니다. 그를 믿지 않는 자는 그들의 죄 가운데 죽습니다.

예수님은 자유케 하십니다. 죄를 짓는 자마다 죄의 종입니다. 아브라함의 자손으로 자신들의 종 됨을 부인한 유대인들에게 진정으로 자유케 하시는 이는 예수 그리스도이심을 선포하십니다. 어둠과 죽음과 종된 마귀의 자녀들을 빛이며, 생명이며, 위에서 난 자이며, 진리이신 예수 그리스도께서 생명과 자유를 주십니다.

## 1. 진리가 자유롭게 하심을 살펴봅시다(31-36절).

예수님께서 자기를 믿는 유대인들에게 '너희가 내 말에 거하면 참으로 내 제자가 되고 진리를 알지니 진리가 너희가 자유롭게 하리라'고 하셨습니다.

주의 말씀이 그 안에 거하면 주 안에 거하게 됩니다.

"내 안에 거하라 나도 너희 안에 거하리라"(요 15:4)

"너희가 내 안에 거하고 내 말이 너희 안에 거하면 무엇이든지 원하는 대로 구하라 그리하면 이루리라"(요 15:7)

주의 말씀에 거하면 참된 주의 제자가 됩니다.

주의 말씀에 거하면 진리를 알며 진리가 자유롭게 합니다. 진리는 주의 가르침이 진리이며 더 본질적으로는 예수 그리스도 자신이 진리가 되십니다.

"내가 곧 길이요 진리요 생명이니 나로 말미암지 않고는 아버지께로 올 자가 없느니라"(요 14:6)

이에 유대인들은 '우리가 아브라함의 자손이라 남의 종이 된 적이 없거늘 어찌하여 우리가 자유롭게 되리라 하느냐'고 하였습니다. 이는 참된 자유에 대하여 알지 못하는 것입니다. 참된 자유는 어떠한 외적인 속박으로부터 자유가 아닌 죄로부터의 자유입니다. 죄를 짓는 자마다 죄의 종이며 주께서 참된 진리가 되심은 진리 되신 주님만이 죄의 종으로부터 자유케 하시기 때문입니다.

종은 영원히 집에 거하지 못하되 아들은 거합니다. 아들이 자유롭게 하며 참된 자유를 얻게 되어지고 영원한 집에 거하게 될 것입니다.

## 2. 아브라함의 자손에 관하여 살펴봅시다(37-47절).

유대인들은 스스로 아브라함의 자손이라 생각하였습니다. 그러므로 그들은 남의 종이 된 적이 없다고 주장합니다. 그러나 그들이 아브라함의 자손이 된 것은 육적인 일입니다. 그들은 영적으로는 도리어 그들의 아비 마귀에게서 났습니다. 그들이 아브라함의 자손이 아닌 증거는 많이 있습니다.

첫째, 예수님을 죽이려 하였습니다. 그들 안에 주의 말씀이 거하였다면 그들이 주님을 죽이고자 하지 않았을 것입니다(37, 40절).

둘째, 아브라함이 행한 일을 하지 않았습니다. 그들은 주를 죽이고자 하였고 또한 아브라함이 행한 일을 하지 않았습니다(39-40절, 44절).

셋째, 그들이 아브라함의 자손이 아닌 세 번째 증거는 그들이 주님을 사랑하지 않음입니다(42절).

## 3. 하나님께 속한 자에 관하여 살펴봅시다(43-47절).

하나님께 속한 자는 세 가지 특징을 가집니다. 첫째, 하나님의 말씀을 듣습니다.

"하나님께 속한 자는 하나님의 말씀을 듣나니 너희가 듣지 아니함은 하나님께 속하지 아니하였음이로다"(47절)

둘째, 하나님의 말씀을 깨닫습니다.

"어찌하여 내 말을 깨닫지 못하느냐 이는 내 말을 들을 줄 알지 못함

이로다"(43절)

셋째, 주를 믿습니다.

"내가 진리를 말하므로 너희가 나를 믿지 아니하는도다 너희 중에 누가 나를 죄로 책잡겠느냐 내가 진리를 말하는데도 어찌하여 나를 믿지 아니하느냐"(45-46절)

### 4. 유대인들이 예수님을 귀신이 들렸다 함을 살펴봅시다(48-51절).

복음이 전파되고 진리가 선포되나 유대인들은 도리어 이를 조소하고 조롱하였습니다. 그들은 예수님을 도리어 그들이 가장 멸시하는 사마리아 사람이라 또는 귀신이 들렸다 하였습니다. 그러나 저들의 무시에도 불구하고 예수님께서는 하나님을 공경하였으며 자신의 영광을 구하지 아니하고 판단하시지 않으셨습니다. 예수님께서도 판단하시는 일을 하지 않으시고 오직 복음을 전하셨습니다.

"진실로 진실로 너희에게 이르노니 사람이 내 말을 지키면 영원히 죽음을 보지 아니하리라"(51절)

### 5. 아브라함을 통한 교훈을 살펴봅시다(52-59절).

예수님을 향하여 귀신이 들렸다 하는 말이 옳지 아니하냐고 말하였던 유대인들은 이제 지금 네가 귀신 들린 줄을 아노라 하였습니다(48절,

52절). 왜냐하면 아브라함과 선지자들도 죽었으나 사람이 내 말을 지키면 영원히 죽음을 보지 아니하리라 하였기 때문입니다.

예수님께서는 아브라함에 관하여 너희 조상 아브라함은 나의 때 볼 것을 즐거워하다가 보고 기뻐하였느니라 하셨습니다.

유대인들은 예수님께 네가 아직 오십 세도 못되었는데 아브라함을 보았느냐 하였습니다. 이에 예수님께서는 '진실로 진실로 너희에게 이르노니 아브라함이 나기 전부터 내가 있느니라' 하셨습니다. 이에 그들이 돌로 예수님을 치러하니 예수님께서 숨어 성전에서 나가셨습니다.

## 묵상

01 '진리가 너희를 자유롭게 하리라' 하심의 의미에 관하여 나누어 봅시다.

02 하나님께 속한 자와 하나님께 속하지 않은 자의 세 가지 특징에 관하여 나누어 봅시다.

03 이번 과 안에서 아브라함을 통한 교훈을 나누어 봅시다.

## 되새김

예수 그리스도는 빛이시며, 진리이십니다. 그를 믿고 따르고 그에게 속한 자들은 생명과 자유를 얻게 됩니다. 그는 어둠에 있는 자들에게 생명의 빛이시며, 죄의 종 된 자들에게 자유롭게 하시는 것입니다.

PART

# 26

## 날 때부터 맹인된 자 1
## 9장1~12절

## Key Point

예수 그리스도께서 나는 세상의 빛이라 말씀하심에 대한 증거로 이번 과에서는 날 때부터 맹인 된 자를 고치심에 관하여 전합니다. 맹인이 주님을 만나고 눈을 뜬 역사는 단순한 한 개인의 역사가 아닌 세상의 빛이 되시고 생명이 되신 예수 그리스도를 증거합니다.

## 본문 이해

7-8장이 보다 직접적으로 초막절과 관련된 메시지였다면 9-10장은 초막절 메시지의 결과와 관련되며 더 나아가 수전절과 연결됩니다. 먼저 9장의 날 때부터 맹인 된 자 이야기는 빛이신 예수 그리스도께서 그에게 빛이 되어 주심으로 온전한 초막절이 성취됩니다. 이러한 의미에서 날 때부터 소경된 자는 한 개인을 넘어 모든 인류와 같다고 할 수 있습니다. 그러나 이러한 은혜와 대결하는 자들을 통해 9장의 메시지를 넘어 10장의 메시지로 이어집니다.

### ■ 요한복음의 이적

요한복음은 예수님의 이적을 '표적'(쎄메이아)이라 부르며 총 7개의 이적에 관하여 전합니다. 공관복음의 이적이 권능을 나타낸다면 요한복음의 이적은 '표적'으로 예수 그리스도의 신성을 나타내며 이를 믿게 하십니다.

① 가나의 혼인잔치(2:1-12)
② 왕의 신하의 아들의 치유(4:43-54)
③ 베데스다 연못의 38년 병자의 치유(5:1-18)
④ 오병이어의 이적(6:1-15)
⑤ 물 위를 걸으심(6:16-21)

**224** · 요한복음(상)

⑥ 실로암 맹인의 치유(9:1-12)

⑦ 죽은 나사로를 살리심(11:1-45)

예수님의 신성과 그를 믿는 자에게 생명을 주심을 알게 하시는 요한복음의 제7대 표적 중에 날 때부터 맹인 된 자를 고치심은 6번째 표적입니다.

이적이나 표적 다음으로 이어졌던 예수님의 긴 강화와 가르침과 같이 9-10장의 말씀은 날 때부터 맹인 된 자를 고치신 이적과 이를 통한 교훈의 말씀을 전합니다. 이번 과에서는 먼저 날 때부터 맹인 된 자를 고치신 구체적 이야기를 전합니다.

■ 요한복음 9장의 구조적 이해

요 9:1-12: 날 때부터 맹인 된 자를 고치심- 여섯 번째 표적

요 9:13-17: 맹인이었던 자의 1차 심문

요 9:18-23: 맹인이었던 자의 부모 심문

요 9:24-34: 맹인이었던 자의 2차 심문과 추방

요 9:35-41: 맹인이었더 자를 만나신 예수님

1. 날 때부터 맹인 된 자에 대한 제자들의 질문을 살펴봅시다(1-3절).

예수님께서 길을 가실 때에 날 때부터 맹인 된 사람을 보셨습니다. 이에 제자들은 물어 이르기를 '랍비여 이 사람이 맹인으로 난 것이 누구의

죄로 인함이니이까 자기니이까 그의 부모니이까'(2절) 제자들에게는 긍휼과 자비가 없었습니다. 그들은 이 맹인을 긍휼과 자비로 바라본 것이 아닌 단지 이야깃거리로 밖에 여기지 않았습니다. 또한 제자들에게는 맹인을 정죄함이 있었습니다. 제자들의 생각에 맹인이 된 것은 누군가의 죄로 말미암은 것입니다. 비록 맹인을 직접적으로 정죄하지는 않았다고 할지라도 그는 죄 됨의 결과로 여전히 정죄함이 되는 것입니다.

그러나 예수님께서는 전혀 다른 답을 주셨습니다. 맹인이 된 것은 그 자신이나 그 부모의 죄로 인한 것이 아니라 그에게서 하나님이 하시는 일을 나타내고자 하심입니다. 이는 맹인 됨의 원인을 찾는 것이 아니라 그 맹인 됨의 목적이 어디에 있는가를 바라보게 하시는 것입니다. 이는 전혀 새로운 관점이 됩니다.

어떠한 고통의 원인이 어디에 있는가 보다도 더 중요한 의미가 있는 것은 이 일이 하나님이 하시는 일을 나타내고자 하심이라는 것입니다. 고통의 원인이 아닌 목적을 발견할 수 있어야 합니다. 이유만을 바라보는 자는 탓을 하게 됩니다. 원망할 수밖에 없고 절망할 수밖에 없습니다. 그러나 비록 소망이 없는 삶의 자리에 있다고 할지라도 원인이 아니라 삶의 목적을 찾을 수 있다면 그 삶은 의미를 가질 수 있습니다.

## 2. 세상의 빛 된 주님을 살펴봅시다(4-5절).

주님은 세상의 빛이십니다. 때가 아직 낮입니다. 낮에 행할 일은 주를 보내신 이의 일을 하는 것입니다. 밤이 되면 그 때는 아무도 일할 수 없을 것입니다. 우리들이 힘써야 할 것은 바로 하나님의 일입니다.

### 3. 맹인이 고침 받음을 살펴봅시다(6-12절).

맹인은 실로암 못에서 씻음바 되었습니다. 실로암은 '보냄을 받았다' 는 뜻입니다. 맹인이 실로암의 물로 씻어 고침을 받음은 참된 보내심을 받은 실로암이 되시는 예수 그리스도의 피로 말아 씻음 받음을 보게 하시는 것입니다.

## 묵상

01  날 때부터 맹인 된 자를 통한 교훈에 관하여 나누어 봅시다.

02  실로암의 의미에 관하여 나누어 봅시다.

03  세상의 빛이신 예수 그리스도의 교훈을 나누어 봅시다.

## 되새김

예수 그리스도께서 세상의 빛이심은 여섯 번째 표적을 통해서 더욱 확실히 증거 됩니다. 그는 세상의 빛으로 생명을 얻게 하시고 또한 그 빛 가운데 일하게 하십니다. 그 자신이 실로암이 되어 보내심을 받은 자이시며 또한 그를 믿는 자들로 보내사 그의 일을 하게 하십니다.

# 27

## 날 때부터 맹인 된 자 2
## 9장 13~41절

**Key Point**

이번 과는 요한복음에서 예수 그리스도의 신성과 그를 믿는 자에게 영생을 주심을 알게 하시는 7가지 표적 중에 6번째 표적으로 '날 때부터 맹인 된 자'의 이야기의 연속으로 그의 심문과 추방, 예수 그리스도를 만남의 이야기를 전합니다. 맹인이었던 자는 고침을 받고 심문과 추방을 당하여도 오히려 그의 고백은 더 깊고 확고해져 갑니다.

이번 과는 앞서 실로암에서 고침을 받은 맹인 이야기의 연속으로 맹인이었던 자의 심문과 추방 그리고 예수님을 만남의 이야기를 전합니다. 두 사람의 맹인이 있습니다. 맹인처럼 보이나 맹인이 아닌 자와 맹인이 아닌 것처럼 보이나 맹인인 사람들입니다.

1. 바리새인들이 전에 맹인이었던 자를 첫 번째 심문함을 살펴봅시다(13-17절).

전에 맹인이었던 사람은 더 이상 맹인이 아니었습니다. 그를 바리새인들에게 데리고 감은 그를 심문하기 위함입니다. 그는 고침을 받은 자이나 오히려 죄인처럼 끌려갔으며 심문을 받았습니다. 그들은 한 사람의 치유와 회복을 기뻐한 것이 아니라 도리어 안식일에 진흙을 이긴 행위를 정죄한 것입니다. 그들은 '어떻게' 맹인이 보게 되었는지를 심문하였습니다.

여기에 두 부류의 사람들의 있음을 보게 됩니다(16절).

"어떤 사람은 말하되 이 사람이 안식일을 지키지 아니하니 하나님께로부터 온 자가 아니라 하며
어떤 사람은 말하되 죄인으로서 어떻게 이러한 표적을 행하겠느냐"

비록 예수님을 정죄하지 않은 사람들이 있음에도 불구하고 이들의 수와 소리는 작았습니다.

그들은 맹인 되었던 자에게 다시 묻기를 그 사람이 네 눈을 뜨게 하였으니 너는 그를 어떠한 사람이라 하느냐 하니 그는 대답하기를 '선지자니이다'라 하였습니다.

## 2. 전에 맹인이었던 자의 부모를 심문함을 살펴봅시다(18-23절).

맹인이었던 자를 심문하였던 바리새인들은 아무런 성과가 없자 이번에는 그의 부모를 심문합니다. 유대인들은 그가 맹인으로 있다가 보게 된 것을 믿지 아니하여 그 부모를 심문하였으나 오히려 그가 고침을 받은 것이 확실하게 되었습니다. 맹인이었던 자의 부모는 그의 맹인 됨에서 고침을 받은 것을 증언하였습니다. 그러나 그의 부모는 어떻게 눈을 뜨게 되었는지에 관하여서는 그 대답을 회피합니다. 왜냐하면 이미 유대인들이 누구든지 예수를 그리스도로 시인하는 자는 출교하기로 결의하였기 때문입니다.

역사적으로 유대교는 AD 90년 얌니아 회의에서 공식적으로 예수를 그리스도로 고백하는 유대인들을 회당에서 출교하기로 결의하였고 예수를 그리스도로 믿는 자들을 저주하는 저주문을 18기도문에 포함시켰습니다. 그러므로 9장22절과 12장42절, 16장2절에 나타난 '출교'라는 단어는 1세기 말의 그리스도교 공동체, 그들이 당면한 현실을 보여

주는 것입니다.

## 3. 전에 맹인이었던 자의 두 번째 심문을 살펴봅시다(24-34절).

전에 맹인이었던 자를 심문할 때도 그의 부모를 심문할 때도 아무런 성과를 얻지 못한 바리새인들은 다시 맹인이었던 자를 불렀습니다. 그들은 예수님에 관하여 '죄인'으로 정죄합니다. 그들은 다시 '그 사람이 네게 무엇을 하였느냐 어떻게 네 눈을 뜨게 하였느냐'고 물었습니다. 죄를 파면 더 큰 죄악이 나오나 진리를 파면 진리만이 나올 뿐입니다. 그들은 예수님을 죄인으로 정죄하나 맹인이었던 자는 그들의 믿지 않음을 이상히 여기며 증언하였습니다.

"이상하다 이 사람이 내 눈을 뜨게 하였으되 당신들은 그가 어디서 왔는지 알지 못하는도다 하나님이 죄인의 말을 듣지 아니하시고 경건하여 그의 뜻대로 행하는 자의 말은 들으시는 줄을 우리가 아나이다 창세 이후로 맹인으로 난 자의 눈을 뜨게 하였다 함을 듣지 못하였으니 이 사람이 하나님께로부터 오지 아니하였으면 아무 일도 할 수 없으리이다"(30-33절)

맹인이었던 자의 부모는 바리새인들의 질문에 회피하였으나 이 맹인이었던 자는 더 이상 회피하지 않았습니다. 그는 직접 은혜를 경험한 사람이었기 때문입니다. 그에게 예수님은 '선지자'(17절)이시며, '하나님께로부터 오신 자'(33절)이시며, '주님'이십니다(38절). 이 맹인 되었던 자의 변화는 그의 눈의 고침만이 아니라 그의 고백의 변화 속에서 놀라움을 발견하게 됩니다.

바리새인들은 억지스럽게 주장하며 맹인이었던 자를 정죄하며 내쫓습니다. 맹인이었던 자는 그의 믿음과 고백으로 말미암아 쫓김을 받았습니다. 맹인이었던 자는 자신의 눈이 고침을 받았다는 부인할 수 없는 사실 속에서 그의 신앙의 고백을 버리지 않았습니다. 그는 보잘것없는 맹인이며, 또한 구걸하는 걸인이었습니다(8절). 그러나 지금 그는 그 누구보다도 더 위대한 믿음의 소유자입니다. 그는 어떠한 위협에도 불구하고 당당하고 비굴하지 않았습니다.

## 4. 맹인이었던 자를 예수님께서 만나심을 살펴봅시다(35-41절).

맹인이었던 자는 쫓김을 받았습니다. 그러나 주님을 그를 영접하셨습니다. 그는 추방을 당하였으나 주님은 그를 받으셨습니다. 그는 버림을 받았으나 주께서는 그를 얻으셨습니다. 예수님께서는 유대인들이 그 사람을 쫓아냈다 하는 말을 들으시고 그를 만나셨습니다.

"네가 인자를 믿느냐"
"주여 그가 누구시오니이까 내가 믿고자 하나이다"
"네가 그를 보았거니와 지금 너와 말하는 자가 그이니라"

이에 그는 '주여 내가 믿나이다' 하고 절하였습니다.

예수님께서는 바리새인들의 맹인 됨을 선언하셨습니다.

"내가 심판하러 이 세상에 왔으니 보지 못하는 자들은 보게 하고 보는 자들은 맹인이 되게 하려 함이라"(39절)

주님은 이 땅에 구원주가 되실 뿐만 아니라 심판주가 되심을 깨달아야 합니다. 맹인 되었던 자들은 자신의 죄악을 알므로 죄가 없으나 본다고 하는 자들은 자신들의 죄를 알지 못하므로 그 죄가 그대로 있게 됩니다. 그러므로 주 안에서는 죄인이 의인이 되는 것이며 의인은 죄인이 되는 것입니다.

## 묵 상

01   바리새인의 심문에 맹인이었던 자와 그의 부모를 비교하여 봅시다.

02   요한복음 9장의 맹인을 통한 교훈에 관하여 나누어 봅시다.

03   맹인이었던 자의 예수님을 향한 고백의 변화를 살펴봅시다.

## 되새김

요한복음 9장은 두 종류의 맹인이 있음을 알게 하십니다. 그 육신의 맹인입니다. 이 맹인은 누군가의 죄로 말미암은 것이 아닌 하나님의 일을 나타내기 위함입니다. 그러나 참된 맹인은 주를 보지 못하는 자들입니다. 영적인 맹인은 그들의 죄로 말미암은 것이며 또한 하나님의 심판 앞에 있는 자들입니다.

# 28

## 선한 목자 1
## 10장1~21절

## Key Point

말씀은 하나님과 이스라엘의 관계를 목자와 양의 관계로 설명합니다. 예수 그리스도는 양의 문이십니다. 문 되신 예수 그리스도는 유일한 구원이 되시며 들어가며 나오며 꼴을 얻게 합니다. 또한 예수 그리스도는 선한 목자가 되십니다. 선한 목자는 양들을 위하여 목숨을 버리십니다.

## 본문 이해

9장의 날 때부터 맹인 된 자의 치유 이야기에 이어 10장은 양의 문과 선한 목자에 관한 말씀으로 이어집니다. 날 때부터 맹인 된 자에 대한 이야기는 앞선 초막절의 '빛'의 메시지의 연속이며 결과가 되며 양의 문과 선한 목자의 메시지 이후에 맹인을 고치심의 말씀이 10장21절에 다시 언급되어 날 때부터 맹인 된 자에 대한 말씀과 양의 문과 선한 목자 메시지를 긴밀하게 묶는 역할을 합니다. 더 나아가 10장22절 이하는 수전절에 대한 말씀이나 목자와 양의 메시지가 다시 반복됩니다. 곧 9-10장의 말씀은 초막절과 수전절, 두 절기와 관련됩니다.

■ 요한복음 10장의 구조적 이해

요 10:1-6: 양의 우리 비유

요 10:7-10: 양의 문이신 예수 그리스도

요 10:11-18: 선한 목자이신 예수 그리스도

요 10:19-21: 유대인들의 분쟁

요 10:22-30: 수전절에 유대인들의 질문과 예수님의 답변

요 10:31-39: 유대인들과의 논쟁

요 10:40-42: 요단 강 저편으로 가심

1. 절도, 강도와 양의 목자를 대조하여 봅시다(1-6절).

절도며 강도는 문을 통하여 양의 우리에 들어가지 않고 다른 데로 들어갑니다. 이는 앞선 바리새인들에 대한 계속적인 비판으로 그들은 양의 문이 되신 예수 그리스도를 통하지 않으므로 이스라엘의 양된 무리들에게 절도며 강도가 됩니다. 7절의 말씀을 통해서 예수 그리스도는 양의 문이 되시며 동시에 11절 말씀을 통해서 선한 목자가 되십니다. 양의 목자는 문으로 들어가며, 문지기가 그를 위하여 문을 열고, 양은 그의 음성을 듣습니다. 양들은 자기의 양들이며, 목자는 자기 양의 이름을 각각 불러 인도합니다. 양들은 그의 음성을 압니다.

2. 주님께서 자신을 양의 문이라 하심을 살펴봅시다(7-10절).

주님께서는 먼저 자신을 양의 문이라 하셨습니다. 예수 그리스도보다 먼저 온 자는 다 절도며 강도입니다. 양들은 저들을 듣지 않습니다. 그러나 누구든지 문 되신 예수 그리스도로 말미암아 들어가면 구원을 받고 또는 들어가며 나오며 꼴을 얻을 것입니다.

"도둑이 오는 것은 도둑질하고 죽이고 멸망시키려는 것뿐이요 내가 온 것은 양으로 생명을 얻게 하고 더 풍성히 얻게 하려는 것이라"(요 10:10)

3. 선한 목자이신 예수 그리스도를 살펴봅시다(11-15절).

주님께서는 양의 목자이실 뿐만 아니라(2절), 선한 목자가 되십니다(11절). 선한 목자는 삯꾼과 대조됩니다. 선한 목자는 양들을 위하여 목숨을 버리지만 삯꾼은 목자가 아니며, 양도 제 양도 아니므로 이리가 오는 것을 보면 양들을 버리고 달아납니다. 삯꾼은 양을 돌보지 않습니다. 그러나 선한 목자 되신 주님께서는 자신의 양들을 알고 양들을 위하여 목숨을 버리십니다.

## 4. 우리에 들지 아니한 다른 양들을 살펴봅시다(16절).

예수님께서는 우리에 들지 아니한 다른 양들이 있다고 말씀하셨습니다. 이는 자신의 교파, 지역을 초월한 그리스도인들을 가리킵니다. 그들도 목자의 양이므로 목자의 음성을 듣고 한 무리가 되어 한 목자에게 있을 것입니다.

## 5. 주님께서 자신의 목숨을 버리심을 살펴봅시다(17-18절).

선한 목자로서 양들을 위하여 목숨을 버리시는 이는 다시 얻기 위함이며 주께서 목숨을 버리심은 빼앗기시는 것이 아니라 스스로 버리시는 것입니다. 주께는 버릴 권세도 있고 다시 얻을 권세도 있습니다. 그러므로 그는 스스로 목숨을 버리시는 것입니다.

## 6. 주님의 말씀으로 말미암아 유대인 중에 분쟁이 일어남을 살펴봅시다 (19-21절).

앞선 1-6절의 말씀에 주의 말씀이 무엇인지 알지 못하는 자들에게 7-18절까지 다시 주신 주님의 말씀으로 유대인 중에 분쟁이 일어나게 됩니다. 많은 사람들은 그가 귀신 들려 미쳤거늘 어찌하여 그 말을 듣는가 하며 어떤 사람들은 이 말은 귀신 들린 자의 말이 아니라 귀신이 맹인의 눈을 뜨게 할 수 있느냐 하였습니다.

## 묵상

01  도둑이 오는 것과 양의 문 되신 주님을 비교하여 봅시다(9-10절).

02  선한 목자와 삯꾼을 비교하여 봅시다.

03  우리에 들지 아니한 다른 양들에 관하여 나누어 봅시다.

## 되새김

이스라엘의 지도자들의 맹인 됨을 통하여 책망하신 주님께서는 이번에는 자신
이 양의 문이 되심을 통해서 도둑이 어떠한 사람인지를 알게 하시며, 더 나아가
선한 목자가 되심을 통해서 삯꾼이 누구인지를 알게 하십니다.

PART

# 29

## 선한 목자 2
## 10장22~42절

## Key Point

요한복음 10장은 선한 목자이신 예수 그리스도에 관하여 증거합니다. 전반부는 예수님
께서는 선한 목자 되심에 관하여 강조하고 있다면 후반부가 되는 이번 과는 선한 목자 되
신 예수님께 속한 양들의 안전에 관하여 증거합니다.

## 본문 이해

### ■ 수전절

수전절은 '새롭게 한 날'이라는 뜻입니다. 주전 169년 수리아의 안티오커스 에피파네스(Antiochus Epiphanes)가 예루살렘 성전을 약탈하고 167년에는 성전에 제우스 신상을 세우고 제물을 드렸는데 심지어는 돼지를 잡아 그 피를 번제단에 바르기까지 하였습니다. 이에 하스모네아 부족의 마타디아스라는 제사장이 그 고을의 관리들과 유대인들을 죽임으로 유대인의 독립전쟁이 시작됩니다. 마타디아스가 죽고 그의 아들 마카비가 수리아 군대와 싸워 승리하고 예루살렘에 입성하여 더럽혀진 성전을 정화하고 봉헌하였으며 이를 기념하기 위하여 주전 164년 12월25일을 '수전절'이라 불렸습니다.

요한복음 10장은 동일한 주제는 '선한 목자이신 예수 그리스도'에 관하여 전합니다. 이전 과에서는 예수님이 양의 문이 되시므로 도둑과 다르며, 선한 목자가 되심으로 삯꾼과 다름에 관하여 알게 하셨습니다. 이제 계속되는 논쟁은 예수님이 그리스도 되심과 하나님과 하나 되심 속에서 그에게 속한 양들에게 구원의 확신을 주십니다.

"내가 그들에게 영생을 주노니 영원히 멸망하지 아니할 것이요 또 그들을 내 손에서 빼앗을 수 없느니라 그들을 주신 내 아버지는 만물보

다 크시매 아무도 아버지 손에서 빼앗을 수 없느니라"(요 10:28-29)

## 1. 논쟁의 때와 장소를 살펴봅시다(22-23절).

선한 목자이신 예수님의 자기 증거의 말씀에 이어 때와 장소에 대한 구체적인 언급으로 새로운 단락이 시작됩니다. 때는 겨울이며 구체적으로 이스라엘의 수전절이며 논쟁의 장소는 성전 안 솔로몬의 행각에서 이루어졌습니다.

## 2. 유대인들의 질문과 예수님의 답변을 살펴봅시다(24-30절).

유대인들은 예수님을 에워싸고 '당신이 언제까지나 우리 마음을 의혹하게 하려 하나이까 그리스도이면 밝히 말씀하소서'라 하였습니다. 그러나 이들의 의도는 예수 그리스도를 믿기 위함이 아닌 정죄하기 위함이었습니다. 이에 예수님께서는 그들이 믿지 않음과 그 믿지 않음의 이유에 관하여 알게 하셨습니다. 주님께서는 말씀으로만 전하신 것이 아니라 행하는 일들로 자신을 증거하셨으나 그들은 믿지 않았습니다. 저들은 밝히 말하라고 하였으나 문제는 이미 말씀하셨으나 그들이 믿지 않음이 문제이며 그들이 믿지 않음은 그들이 주님의 양이 아니기 때문입니다.

주님의 양은 주님의 음성을 들으며 주는 그들을 알며 그들은 주를 따릅니다. 주님께서는 그들에게 영생을 주시니 영원히 멸망하지 아니할 것이며 그들을 주님의 손에서 빼앗을 자가 없습니다. 그들을 주신 아버지는 만물보다 크시므로 아무도 아버지의 손에서 빼앗을 자가 없습니다. 예수님과 아버지는 하나이십니다.

## 3. 유대인들과 두 번째 논쟁에 관하여 살펴봅시다(31-39절).

유대인과의 첫 번째 논쟁은 예수님의 그리스도이심에 관하여 것이었습니다. 이제 두 번째 논쟁은 첫 번째 논쟁에서 예수님께서 친히 밝히신 예수님과 하나님의 하나이심에 관한 것입니다. 이에 유대인들은 다시 돌을 들어 치려 하였습니다. 예수님께서는 그들에게 물으셨습니다.

"내가 아버지로 말미암아 여러 가지 선한 일을 너희에게 보였거늘 그 중에 어떤 일로 나를 돌려 치려 하느냐"(32절)

유대인들은 선한 일로 돌로 치려 한 것이 아니라 사람이 되어 자칭 하나님이라 함으로 신성모독으로 인함이라 하였습니다.

이에 예수님은 시편의 말씀을 상기하십니다(cf 출 7:1).

"내가 말하기를 너희는 신들이며 다 지존자의 아들들이라 하였으나"(시 86:2)

"너희 율법에 기록된 바 내가 너희를 신이라 하였노라 하지 아니하였으냐 성경은 폐하지 못하나니 하나님의 말씀을 받은 사람들을 신이

라 하셨거든 하물며 아버지께서 거룩하게 하사 세상에 보내신 자가 나
는 하나님의 아들이라 하는 것으로 너희가 어찌 신성모독이라 하느냐
만일 내가 내 아버지의 일을 행하지 아니하거든 나를 믿지 말려니와 내
가 행하거든 나를 믿지 아니할지라도 그 일은 믿으라 그러면 너희가 아
버지께서 내 안에 계시고 내가 아버지 안에 있음을 깨달아 알리라"(요
10:34-38)

4. 예수님께서 다시 요단 강 저편 요한이 처음으로 세례 베풀던 곳으로 가
심을 살펴봅시다(40-42절).

　　요한복음 1장28절에서 요한이 세례를 베풀던 곳인 요단강 건너편 베
다니에 대한 장소적인 이동을 전합니다. 예수님께서 다시 요단 강 저편
요한이 처음으로 세례 베풀던 곳으로 가서 거기 거하시니 많은 사람이
왔다가 '요한은 아무 표적도 행하지 아니하였으나 요한이 이 사람을 가
리켜 말한 것은 다 참이라' 하였습니다. 그리하여 거기서 많은 사람이
예수님을 믿었습니다.

# 묵상

01  수전절에 관하여 연구하여 봅시다.

02  요한복음 10장28절이 구원에 관하여 가르치는 메시지에 관하여 나누어 봅시다.

03  유대인들과의 2가지 논쟁은 무엇입니까?

# 되새김

1차적으로 유대인의 회당에서 출교 된 자들에게 예수 그리스도께서 선한 목자라는 확신을 주시며 그들에게 구원의 확신을 주시는 이번 과의 메시지는 오늘날 어떠한 환난과 고난에도 그 믿음을 잃지 말아야 할 이유를 알게 하십니다.

# 요한복음 (상)

## 본론 1: 표적의 책(1:19-12장)

### 제4부

## 영광을 향하심
### (11-12장)

PART

# 30

## 나사로를 살리심 1
## 11장1~16절

**Key Point**

요한복음 11장은 예수 그리스도의 신성과 그를 믿는 자에게 영생을 주심을 알게 하시는 요한복음 7가지 표적 중에 마지막 7번째 표적으로 죽은 나사로를 살리심에 관하여 전하며 이번 과는 그 서론이며 배경이 됩니다.

## 본문 이해

표적의 책의 두 번째 부분인 5-10장의 말씀을 마치고 11-12장은 영광을 향하는 예수 그리스도의 모습을 보여줍니다. 같은 단어인 '영광'에 관하여 반복하며 예수 그리스도의 사역은 영광을 위한 것이며 예수 그리스도의 예루살렘 입성 또한 영광을 향한 길입니다.

예수님께서 죽은 나사로를 살리심은 그의 죽음과 다시 살아남을 통해서 예수 그리스도의 죽음과 부활을 예고하게 됩니다. 그러한 의미에서 나사로의 병은 죽을 병이 아닌 하나님의 영광을 위한 것입니다.

■ 요한복음의 이적

요한복음은 예수님의 이적을 '표적'(쎄메이아)이라 부르며 총 7개의 이적에 관하여 전합니다. 공관복음의 이적이 권능을 나타낸다면 요한복음의 이적은 '표적'으로 예수 그리스도의 신성을 나타내며 이를 믿게 하십니다.

① 가나의 혼인잔치(2:1-12)
② 왕의 신하의 아들의 치유(4:43-54)
③ 베데스다 연못의 38년 병자의 치유(5:1-18)
④ 오병이어의 이적(6:1-15)

⑤ 물 위를 걸으심(6:16-21)

⑥ 실로암 맹인의 치유(9:1-12)

⑦ **죽은 나사로를 살리심(11:1-45)**

■ 요한복음 11장의 구조적 이해

요 11:1-6: 나사로의 병든 소식을 들으심

요 11:7-16: 유대 지방으로 가심

요 11:17-27: 마르다가 예수님을 맞이함

요 11:28-32: 마리아가 예수님을 맞이함

요 11:33-44: 죽은 나사로를 살리심

요 11:45-57: 예수님을 죽이려 모의함

1. 나사로의 가족을 살펴봅시다(1-2절).

나사로와 마르다 마리아는 베다니의 3남매입니다. 이 마을이 유명한 것은 바로 이 세 남매 때문입니다. 나사로의 이름은 아론의 아들인 엘르아살의 헬라어 음역으로 동일한 이름이며, 이는 히브리어로 '엘아자르'로 하나님께서 도우신다는 뜻입니다. 나사로는 병든 자요, 마리아는 향유를 주께 붓고 머리털로 주의 발을 닦던 자입니다. 12장1-8절에서는 이와 관련된 말씀을 전합니다.

2. 나사로의 병든 소식을 예수님께 전함을 살펴봅시다(3-6절).

나사로의 누이들인 마르다와 마리아는 예수님께 사람을 보내어 '주여 보시옵소서 사랑하시는 자가 병들었나이다' 하였습니다. 이로 통해서 나사로가 주님의 특별한 사랑을 받았음을 알 수 있습니다. 예수님께서 본래 마르다와 그 동생과 나사로를 사랑하셨습니다(5절). 예수님께서는 나사로의 병든 소식을 들으시고 이 병은 죽을 병이 아니라 하나님의 영광을 위함이라 하셨습니다. 하나님의 아들이 이로 말미암아 영광을 받게 하려 함이라 하셨습니다. 이는 앞서 맹인에 관한 말씀을 상기시킵니다.

"예수께서 대답하시되 이 사람이나 그 부모의 죄로 인한 것이 아니라 그에게서 하나님이 하시는 일을 나타내고자 하심이라"(요 9:3)

나사로는 그 이름으로 하나님의 도우심을 나타내며, 주님의 사랑을 나타내며, 또한 그의 병을 통해서 오히려 하나님의 영광을 나타내는 자가 되었습니다. 특별히 나사로는 그의 죽음을 통해서도 하나님의 영광을 나타내었습니다.

나사로의 병든 소식을 전해 들으신 주님께서는 이틀을 더 유하셨습니다. 예수님께서는 생사를 가르는 이 일에 조급하시지 않으십니다. 하나님께서는 이 일을 통해서 더 놀라운 하나님의 은혜를 보이시고자 하시는 것입니다.

3. 유대로 가시고자 하시는 주님의 계획에 관하여 살펴봅시다(7-10절).

유대로 가시고자 하시는 예수님의 계획과 제자들의 만류에 관하여 전합니다. 제자들은 '랍비여 방금도 유대인들이 돌로 치려 하였는데 또 그리로 가시려 하나이까' 물었습니다. 이에 예수님께서는 요한복음에 계속되는 주제로 빛에 관한 말씀을 전하십니다.

"낮이 열두 시간이 아니냐 사람이 낮에 다니면 이 세상의 빛을 보므로 실족하지 아니하고 밤에 다니면 빛이 그 사람 안에 없는 고로 실족하느니라"(9-10절)

주님은 참 빛 곧 세상에 와서 각 사람에게 비추는 빛이십니다(요 1:9). 주님께서 이 땅에 계시는 동안에는 세상의 빛이십니다(요 9:5). 세상의 빛, 생명의 빛 가운데 있는 자들은 실족하지 않을 것입니다.

## 4. 나사로의 죽음을 밝히 말씀하심을 살펴봅시다(11-16절).

주님께서 유대로 가시는 이유는 친구 나사로가 잠들어 그를 깨우기 위함입니다. 이는 그의 죽음을 가리키나 제자들은 이를 깨닫지 못하고 '주여 잠들었으면 낫겠나이다' 하였습니다. 이미 주님께서 나사로가 죽었음을 아시고 그의 죽음을 밝히 말씀하셨습니다.

"나사로가 죽었느니라 내가 거기 있지 아니한 것을 너희를 위하여 기뻐하노니 이는 너희로 믿게 하려 함이라 그러나 그에게로 가자"(14-15절)

주님께서는 단순히 그를 고치시는 것도, 그를 살리시는 것도 아닌 이 일로 제자들로 주님을 믿게 하시는 목적을 가지셨습니다. 그러나 이러한 주님의 마음과 달리 디두모라 하는 도마는 다른 제자들에게 '우리도 주와 함께 죽으러 가자' 하였습니다.

## 묵상

01   나사로의 이름을 통한 교훈에 관하여 나누어 봅시다.

02   나사로의 병든 소식을 듣고도 이틀을 더 유하심에 관하여 나누어 봅시다.

03   예수님께서 죽은 나사로를 잔다 하심에 관하여 나누어 봅시다.

## 되새김

예수님께서는 나사로의 병든 소식을 듣고도 당장에 출발하지 않고 이틀을 더 유하였습니다. 이는 하나님의 때와 뜻을 이루기 위함이었습니다. 또한 예수님께서는 죽은 나사로를 잔다고 하셨습니다. 이는 모든 영혼은 소멸이 된 것이 아니며 여전히 살아있으며 부활의 날을 기다리고 있기 때문입니다.

# 나사로를 살리심 2
## 11장17~44절

## Key Point

이번 과는 예수님께서 마르다와 마리아의 맞이함 가운데 죽은 나사로를 살리심에 관한 말씀입니다. 예수님께서는 이 놀라운 일을 행하시기 전에 예수님 자신이 부활이요 생명이심을 말씀하시고 이를 나타내십니다.

요한복음 11장의 죽은 나사로를 살리심은 요한복음의 7가지 표적 중에 마지막 표적입니다. 이 표적 가운데 예수님께서는 자기 계시의 말씀, 에고 에이미의 말씀으로 '나는 부활이요 생명이니'라고 하셨습니다. 예수님께서는 나사로를 살리시고 믿음을 요구하신 것이 아닌 아직 나사로를 살리시기 전에 마르다에게 '네가 믿느냐'(26절)고 물으셨습니다.

### 1. 나사로의 죽음을 살펴봅시다(17-19절).

나사로의 병든 소식을 전하였으나 예수님께서는 베다니에 오셨을 때에는 이미 나사로가 무덤에 있은 지 나흘이었습니다. 죽은 지 나흘이 될 때에는 살 수 있는 가망이 전혀 없을 때이며 미련조차 가질 수 없는 시간입니다. 유대인들은 죽은 사람의 영혼이 무덤 근처에서 삼일 동안 떠돌다가 떠나 가버린다고 믿었습니다(Strack-Billerbeck, Ⅱ, 544). 많은 유대인이 마르다와 마리아에게 그 오라비의 일로 위문하러 왔습니다.

### 2. 마르다가 예수님을 맞이함을 살펴봅시다(20-27절).

마르다는 예수님께서 오신다는 말을 듣고 곧 나가 맞이하였으며 마리아는 집에 앉았습니다. 마르다는 주께

"주께서 여기 계셨더라면 내 오라버니가 죽지 아니하였겠나이다 그러나 나는 이제라도 주께서 무엇이든지 하나님께 구하시는 것을 하나님이 주실 줄 아나이다"(21-22절)

라 하였습니다.

이에 예수님께서는 마르다에게 '네 오라비가 다시 살아나리라' 하셨습니다. 놀라운 말씀이지만 이 말씀의 깊은 뜻을 마르다는 깨닫지 못하고 '마지막 날 부활 때에는 다시 살아날 줄을 내가 아나이다'라 하였습니다. 그녀는 주께서 무엇이든지 하나님께 구하는 것을 주실 줄 알았고, 마지막 날 부활 때에 다시 살아날 줄을 알았습니다. 그러나 주께서 지금 무엇을 하실지는 알지 못하였습니다. 이에 주님께서는 더 깊은 말씀을 하셨습니다.

"나는 부활이요 생명이니 나를 믿는 자는 죽어도 살겠고 무릇 살아서 나를 믿는 자는 영원히 죽지 아니하리니 이것을 네가 믿느냐"(25-26절)

마르다는 놀라운 신앙고백을 합니다.

"주여 그러하외다 주는 그리스도시요 세상에 오시는 하나님의 아들이신 줄 내가 믿나이다"(27절)

## 3. 마리아가 예수님을 맞이함을 살펴봅시다(17-19절).

예수님께서 오신다는 말을 듣고도 집에 앉았던 마리아는 선생님이 오셔서 너를 부르신다는 말을 듣고 급히 일어나 예수님께 나아갑니다. 예수님은 아직 마을로 들어오지 아니하시고 마르다가 맞이했던 곳에 그대로 계셨습니다. 마리아가 급히 일어나는 것을 본 유대인들은 곡하러 무덤에 가는 줄로 생각하고 따라갔습니다.

마리아는 예수님 계신 곳에 가서 뵈옵고 그 발 앞에 엎드려서 울며 '주께서 여기 계셨더라면 내 오라버니가 죽지 아니하였겠나이다' 하였습니다.

인생의 큰 슬픔은 사랑하는 자를 잃는 것입니다. 특별히 부모가 없이 서로를 의지하였던 베다니의 3남매에게는 서로가 너무나 중요한 존재였습니다.

## 4. 나사로를 살리심을 살펴봅시다(33-44절).

예수님께서는 마리아의 우는 것과 또 함께 온 유대인들이 우는 것을 보시고 심령에 비통히 여기시며 불쌍히 여기셨습니다. 한편으로 주님께서는 죽음과 사망이 다스림에 대하여 분노하셨으며, 다른 한편으로 죽음의 슬픔 가운데 있는 자들을 향하여 불쌍히 여기셨습니다.

"그를 어디 두었느냐"

"주여 와서 보옵소서"

예수님께서 눈물을 흘리실 때에 유대인들은 보라 그를 얼마나 사랑하셨는가 하며 그 중 어떤 이는 맹인의 눈을 뜨게 한 이 사람이 그 사람은 죽지 않게 할 수 없었더냐 하였습니다.

예수님께서는 다시 속으로 비통히 여기시며 무덤에 가셔서 '돌을 옮겨 놓으라' 하셨습니다. 그 죽은 자의 누이인 마르다가 주여 죽은 지가 나흘이 되었으매 벌써 냄새가 나나이다라 하였습니다. 이에 주님께서는 '내 말이 네가 믿으면 하나님의 영광을 보리라 하지 아니하였느냐' 하셨습니다.

돌을 옮겨 놓으니 예수님께서 눈을 들어 우러러 보시고

"아버지여 내 말을 들으신 것을 감사하나이다 항상 내 말을 들으시는 줄을 내가 알았나이다 그러나 이 말씀 하옵는 것은 둘러선 무리를 위함이니 곧 아버지께서 나를 보내신 것을 그들로 믿게 하려 함이니이다"(41-42절)

라 하시고 큰 소리로 '나사로야 나오라' 부르셨습니다. 이에 죽은 자가 수족을 베로 동인 채로 나오는데 그 얼굴은 수건에 싸였습니다. 예수님께서 이르시기를 '풀어 놓아 다니게 하라' 하셨습니다.

## 묵 상

01    마르다가 예수님을 맞이함에 관하여 나누어 봅시다.

02    마리아가 예수님을 맞이함에 관하여 나누어 봅시다.

03    죽은 나사로를 살리심의 교훈에 관하여 나누어 봅시다.

## 되새김

부활이요 생명이 되신 예수님께서는 죽은 나사로를 살리셨습니다. 이는 단지 예수 그리스도의 신성과 그의 하나님의 아들 되심을 나타내실 뿐만 아닌 예수 그리스도 자신의 죽음과 부활을 예고합니다.

PART

# 32

## 나사로를 살리심 3
## 11장45~57절

### Key Point

예수님께서는 죽은 나사로를 살리신 일은 한편으로는 마지막 표적으로서 예수님의 신성을 나타내며 많은 유대인들이 믿게 되었습니다. 그러나 다른 한편으로는 이를 심각한 위협으로 여기며 예수님을 죽이고자 하는 모의가 있기 시작하였습니다.

## 본문 이해

예수님께서 죽은 나사로를 살리셨음에도 불구하고 이 일을 오히려 종교 지도자들은 정치적인 위협으로 여겼습니다. 이는 로마의 통치를 받으며 제한적으로 유지되었던 유대 사회가 예수님을 믿는 무리들의 내란으로 결과적으로는 로마의 더 큰 유린을 당할 것으로 생각하였기 때문입니다. 그러나 이러한 표면적인 이유 속에는 이들이 가지고 있는 종교적인 권위와 특권이 예수님으로 말미암아 심각한 도전을 받고 있었던 것입니다. 그러므로 예수님의 이 마지막 표적에도 불구하고 유대인들 중에는 많은 믿는 자들이 있었으나 이 일을 통해서 예수님을 죽이고자 하는 모의가 있기 시작합니다.

1. 나사로를 살리신 일을 통한 유대인들의 두 가지 다른 반응을 살펴봅시다(45-46절).

마리아에게 와서 예수님께서 하신 일을 본 많은 유대인들이 예수님을 믿었습니다. 그러나 그 중의 어떤 자는 이적을 보고도 믿지 못하고 도리어 바리새인들에게 가서 예수님께서 하신 일을 알렸습니다.

2. 산헤드린 공회의 소집을 살펴봅시다(47-48절).

나사로를 살리신 이적은 산헤드린 공의회의 소집과 더불어 변화의 결정적인 이유가 되었습니다. 예수님께서 행하신 많은 표적으로 말미암아 모든 사람이 그를 메시야로 믿게 될 뿐만 아니라 이를 내란의 위협으로 판단하는 로마인들에게 땅과 민족을 빼앗길 것을 염려하게 됩니다.

### 3. 가야바의 증언을 살펴봅시다(49-53절).

하나님께서는 비록 의롭지 못한 자들임에도 불구하고 때때로 그들의 직임으로 말미암아 쓰임을 받게 하십니다. 사무엘을 부르실 때에 엘리 대제사장이 쓰임을 받았으며, 동방박사들은 예루살렘의 대제사장의 도움을 받았습니다. 동일하게 하나님께서는 예수님께서 죽으실 것에 대한 예언을 그 해의 대제사장인 가야바를 통해서 알게 하셨습니다. 가야바는 대제사장 안나스(AD 6-15년)의 사위로 AD 18-36년까지 대제사장 직위에 있었던 자입니다. 그는 대제사장으로서 산헤드린 공의회의 의장을 맡았습니다. 그는 다음과 같이 말하였습니다.

"너희가 아무 것도 알지 못하는도다 한 사람이 백성을 위하여 죽어서 온 민족이 망하지 않게 되는 것이 너희에게 유익한 줄을 생각하지 아니하는도다"(50절)

그가 이 말을 한 것은 한 사람을 죽여 유대 민족을 구원하자는 제안이었습니다. 그러나 하나님께서는 그가 한 이 말은 한 민족뿐만 아니라 흩어진 주의 자녀를 모아 하나가 되게 하시기 위하여 예수 그리스도께서 죽으실 것을 미리 말함이 되는 것입니다. 이 날부터 그들이 예수를 죽이려고 모의하였습니다.

## 4. 예수님께서 에브라임으로 물러가심을 살펴봅시다(54-57절).

    공적으로 예수님을 죽으려는 모의가 있으므로 예수님께서는 다시 유대인 가운데 드러나게 다니지 아니하시고 거기를 떠나 빈들 가까운 곳인 에브라임이라는 동네에 가서 제자들과 함께 거기 머무셨습니다. 유대인의 유월절이 가까우므로 많은 사람이 자기를 성결하게 하기 위하여 유월절 전에 시골에서 예루살렘으로 올라갔습니다. 그들은 예수를 찾으며 성전에 서서 서로 말하기를 너희 생각에는 어떠하냐 그가 명절에 오지 아니하겠느냐 하였습니다. 대제사장들과 바리새인들이 누구든지 예수 있는 곳을 알거든 신고하여 잡게 하라 명령하였습니다.

01  유대 종교 지도자들이 느낀 위협에 관하여 나누어 봅시다.

02  대제사장 가야바의 증언과 그 교훈에 관하여 나누어 봅시다.

03  예수님께서 에브라임으로 물러가심에 관하여 나누어 봅시다.

되새김

이스라엘의 종교 지도자들은 하나님을 섬기는 자들이 이었으나 사실은 하나님을 대적하는 사람들이었습니다. 그들에게는 하나님을 사랑하는 것, 섬기는 것, 믿는 것이 다 명분이며 오직 자신들의 이권을 지키기 위한 사람들일 뿐이었습니다. 그들은 심지어 주님을 죽이고자 모의하기 시작하였습니다.

PART

# 33

## 향유를 부은 마리아 1
## 12장1~11절

## Key Point

유월절 엿새 전에 예수님께서 전에 나사로를 살리셨던 베다니에 이르셨을 때에 주를 위한 잔치가 열립니다. 이때에 마리아는 지극히 비싼 향유를 예수님께 붓게 되는데 이는 주님의 장례를 준비함이 됩니다. 이 사건은 예수님의 예루살렘 입성을 앞두고 예루살렘 입성의 의미와 목적이 무엇인지를 암시합니다.

## 본문 이해

7-9장의 초막절 전 후, 10-11장의 수전절 전 후에 있었던 사건들은 크게는 예수님께서는 십자가에서 못 박히신 유월절 절기 6개월 정도 이전의 사건들로서 예루살렘 입성 전 예수님의 후기 유대 사역과 관련이 있습니다. 이제 12장은 죽은 나사로를 살리심이라는 면에서는 11장과 연결되지만 시기적으로는 유월절 절기로 구분됩니다.

말씀의 서두는 유월절 엿새 전이라고 합니다. 이튿날 예루살렘에 입성하시므로 예수님의 예루살렘 입성은 오늘날 주일에 해당되며, 유월절 엿새 전은 토요일에 해당됩니다. 곧 마리아의 향유 옥합 사건은 공관복음의 순서를 따라 유월절 이틀 전에 있었던 사건이 아닌 유월절 엿새 전에 있었으며 바로 이 날에 예수님께서는 베다니에 예수님께서 죽은 자 가운데서 살리신 나사로가 있는 집으로 향하셨습니다.

■ 요한복음 12장의 구조적 이해

요 12:1-8: 향유를 부은 마리아

요 12:9-11: 나사로를 죽이려는 모의

요 12:12-19: 예루살렘 입성

요 12:20-22: 헬라인의 방문

요 12:23-25: 예수님의 답변 1

## 1. 예수님께서 다시 베다니에 이르심을 살펴봅시다(1절).

나사로를 살리심의 일로 산헤드린 공의회가 주님을 죽이고자 모의함으로 에브라임이라는 동네로 물러가신 예수님께서는 유월절 엿새 전에 베다니에 이르십니다. 이는 죽이고자 하는 모의가 사라졌기 때문이 아닙니다. 주님께서 친히 죽으시기 위하여 나타나셨습니다. 주님께서는 모의에 의해서 죽임을 당하신 것이 아닌 것입니다. 이곳은 주님께서 죽은 자 가운데서 살리신 나사로가 있는 곳으로 이곳을 통해서 예수 그리스도의 죽음과 부활하심을 선언하시는 것입니다.

## 2. 예수님을 위한 잔치를 살펴봅시다(1절).

나사로의 다시 살아남으로 말미암은 나사로를 위한 잔치가 아닌 예수님을 위한 잔치가 있었습니다. 이 잔치에 있어 마르다는 일을 하였으며 나사로는 예수님과 함께 앉은 자 중에 있었습니다.

성경은 먼저 마르다의 일하는 자의 모습을 보여줍니다. 그녀는 참으로 일을 잘하는 사람이었습니다. 그러나 이전에 그 안에는 불평이 있었습니다. 마르다는 함께 일하지 않는 마리아를 통해서 불평하였으며 이를 방관하시는 예수님을 향하여서까지 원망하였습니다. 그러나 오라버니 나사로를 예수님께서 살리셨을 때에 마르다는 분명히 달라졌습니다. 이전에 했던 일과는 비교되지 않는 더 많은 일을 하여야 했습니다. 본문 말씀의 잔치는 이전에 예수님께서 방문하셨을 때 보다 더 성대하였습니다. 왜냐하면 9절의 말씀에 보면 '유대인의 큰 무리가 예수께서 여기 계신 줄 알고 오니 이는 예수만 위함이 아니요 죽은 자 가운데서 살리신 나사로도 보려 함이러라'고 말씀하시고 있기 때문입니다. 예수님의 첫 번째 방문보다 확실히 더 많은 사람들이 모였습니다. 잔치의 규모는 더 커지고 해야 할 일들은 더 많아졌지만 마르다의 불평은 사라졌습니다. 원망이 사라졌습니다. 그 안에 오히려 감사가 있었습니다. 그 안에 은혜가 있었습니다. 이전에는 불평과 원망이 있었다면 이제는 은혜와 감사의 일이 되게 하신 것입니다. 이 전에는 작은 일도 어렵게만 느껴졌더니 이제는 더 많은 일도 은혜와 감사 속에서 넉넉히 감당하게 하시는 것입니다.

다음으로 나사로를 보아야 합니다. 나사로는 중요한 인물임에도 불구하고 성경을 통해서 그의 대사는 한 구절도 없습니다. 빛이 비추이는 만큼만 볼 수 있는 것과 마찬가지로 우리들은 다만 성경에서 보여주는 빛 안에서 보는 것으로 만족해야 합니다. 성경은 예수님의 마르다의 집의 방문을 세 차례 전합니다. 첫 번째 방문에서 마르다와 마리아의 이야기는 있었으나 나사로는 없었습니다. 그는 어떠한 이유인지 알 수 없으나 예수님의 방문에 함께 하지 못하였습니다. 예수님의 두 번째 방문에서 나사로는 죽어 시체가 되어 예수님의 방문을 맞이할 수 없었습니다. 이제 세 번째 방문에서 그는 두 번째 방문에서 살리신 바 되어 지금 함께 주님과 앉아 있는 사람이 되었습니다.

　이제 말씀을 우리들 자신에게 적용하여야 합니다. 우리는 이전에 주님의 방문과 상관없는 인생 속에서 살아갑니다. 그것은 비록 살아 있으나 영적으로는 죽어 있는 바와 같은 자의 삶입니다. 예수님의 두 번째 방문에서 나사로는 주님의 살리신 바 된 인생이 되었습니다. 주님의 방문으로 우리들은 모두 새 사람이 되었으며 이제 비로서 주님과 교제할 수 있는 사람이 되었습니다. 여기 나사로를 보면서 우리들은 단지 그의 육이 죽고 육이 살리신 바 된 것을 보는 것으로 만족할 것이 아니라 우리 자신이 이전에는 주님과 상관없이 살아 영적으로 죽었더니 주님을 만나고 우리들의 영혼이 살고 우리 주님과 교제할 수 있게 되었음을 깨달아야 할 것입니다. 또한 나사로가 주님과 함께 교제하는 것과 같이 우리들도 주님과 살아 교제할 수 있어야 할 것입니다. 주님을 높이는 것은 무엇입니까? 그것은 우리들이 이전의 죽은 바 된 삶에서 다시 살리신 바 된 삶을 살아가는 것이며 주님과 동행하는 삶을 회복하는 것입니다. 많은 사람들이 죽었던 나사로를 보기 위해서 모였습니다. 오늘날도 이전에 죽었던 세상 가운데 살았던 우리들의 바뀐 모습을 보기 위해서 모여들어야 할 것입니다. 그것이 바로 우리 주님을 높이는 것입니다.

## 3. 마리아가 향유를 예수님께 부음을 살펴봅시다(3절).

　마리아는 예전에는 주님의 발 앞에 앉아 주님의 말씀을 듣더니 본문 말씀 가운데서는 주님께 나아가 지극히 비싼 향유를 부은 여인이 되었습니다. 마르다의 일과 섬김은 우리가 이야기를 할 때에 봉사라고 이야기할 수 있다면 여기 마리아의 행위는 더 탁월하게 예배라고 할 수 있습니다. 마리아는 지극히 비싼 향유 곧 순전한 나드 한 근을 가져다가 예수님의 발에 붓고 자기 머리털로 그의 발을 씻었습니다. 향유의 냄새는 온 집에 가득하였습니다. 비록 마리아는 예수님을 높이기를 원하셨지만 이 향기로운 봉헌으로 말미암아 하나님께서는 이 마리아의 행위를 모든 행위들 가운데 더욱 높이셨습니다. 하나님께 나아가고 하나님을 높이는 자들은 이처럼 하나님께서 저를 높이시는 것입니다. 하나님께서는 마치 우리들의 선한 행위를 빚과 같이 여기사 이 모든 일들을 칭찬하시고 또한 높이시는 것입니다.

## 4. 가롯 유다의 비난에 관하여 살펴봅시다(4-6절).

　이때에 마리아의 행위를 비난하는 사람이 있었습니다. 그 사람은 예수님의 제자 가롯 유다였습니다. 그는 말하기를 "이 향유를 어찌하여 삼백 데나리온에 팔아 가난한 자들에게 주지 아니하였느냐"라고 이야기합니다. 만일 가롯 유다의 이 말이 없었다면 우리는 도대체 이 향유가 얼마나 가치 있는 것인지 알지 못하였을 것입니다. 하나님께서는 이와 같이 교회를 훼방하고 대적하는 자들을 통해서도 하나님의 경륜을 나타내시며 그 복음의 빛을 더 밝게 비추시는 것입니다. 그러므로 교회를 훼방하는 대적들과 악한 자들이 나타날 때에 당황할 것이 아니라 하나님께서 행하실 더 크신 일들을 잠잠히 바라보아야 할 것입니다. 이 향유는 300 데나리온의 가치를 가진 것입니다. 노동자가 하루를 일한 삯이 한 데나리온입니다. 아마도 300 데나리온이라 하면 그 당시에도 1년 동안 온전히 열심히 수고해서 벌 수 있는 금액에 해당할 것입니다.

여기 가룟 유다는 도적이었습니다. 그는 예수님을 팔기 이전에 예수님과 제자들의 돈을 맡은 자로서 충성되지 않고 오히려 그 돈을 훔치는 도적 된 자였습니다. 거대한 둑이 한순간에 터진 것이 아니라 가룟 유다의 둑은 이곳저곳에서 이미 새고 있었습니다. 가장 향기로운 봉헌을 할 때에 그곳에 바로 도적이 있었다는 것을 잊어서는 안 될 것입니다. 이것은 우리들에게 갈림길을 보여주는 것입니다. 우리는 마리아의 길을 가거나 아니면 도적 가룟 유다의 길로 가야 하는 그 갈림길에 서 있는 것입니다.

5. 예수님의 권면의 말씀을 살펴봅시다(7-8절).
예수님께서는 가룟 유다의 비난에도 불구하고 다음과 같이 칭찬하시고 기념하게 하셨습니다.

"그를 가만 두어 나의 장례할 날을 위하여 그것은 간직하게 하라 가난한 자들은 항상 너희와 함께 있거니와 나는 항상 있지 아니하리라"(7-8절)

01    마르다, 나사로, 마리아를 통한 교훈에 관하여 나누어 봅시다.

02    가룟 유다에 비난에 관하여 나누어 봅시다.

03    향유 사건이 주는 교훈에 관하여 나누어 봅시다.

되새김

베다니 3남매는 저마다의 의미에서 변화되었습니다. 그들은 더 성숙하고 깊은 모습으로 변화되어 주님을 섬겼습니다. 그러나 이러한 귀한 섬김과 대조적으로 비난하는 사람도 있었습니다.

PART

# 34

## 향유를 부은 마리아 2
## 12장1~11절

**Key Point**

이번 과는 이전 과와 같은 내용이지만 마리아가 향유를 부은 의미에 관하여 집중합니다.

마리아가 부은 향유는 거룩한 낭비였습니다. 더 나아가 이는 주의 십자가 죽음을 예비하는 귀한 쓰임이 되었습니다.

1. 마리아가 드린 지극히 비싼 향유 곧 순전한 나드 한 근의 교훈에 관하여 살펴봅시다(3-8절).

### 1. 옥합을 예비함

우리가 주님께 드리지 못하는 이유 중의 하나는 드릴 것이 없다는 데에 문제가 있습니다. 물론 어떠한 사람들은 드릴 것이 분명히 있음에도 불구하고 드리지 않는 사람들도 있을 것입니다. 더 나아가 하나님께서는 분명히 나의 삶에 어떠한 것을 옥합을 깨트리듯 깨트려야 함에 관하여 말씀하실 수도 있습니다. 그것은 우리가 익히 들었던 말씀입니다. 그러나 우리가 나누고자 하는 것은 깸에 있지 않습니다. 드림에 있지 않습니다. 준비함에 있습니다. 내가 주님께 드리기 위해서 준비함이 있어야 합니다. 예비하는 것들이 있어야 하는 것입니다.

나의 삶에는 주님께 드릴 옥합이 있습니까? 그러나 더 중요한 질문은 나는 주님께 드릴 옥합을 준비하고 있는가 하는 것입니다.

결혼을 위해서도 준비함이 있습니다. 직장 생활을 하면서 결혼 자금을 모으기 위해서 준비하는 것입니다. 우리 중에 누구도 아무 준비도 없이 사랑해서 결혼하는 사람은 없습니다. 이처럼 우리가 결혼을 위해서 준비함이 있다면 동일하게 하나님께 드림을 위하여 준비함이 있어야 합니다. 하나님 앞에 깨트리기 위해서 준비함이 있어야 할 것입니다.

## 2. 주님을 사랑함

마리아는 옥합을 준비하였습니다. 또한 우리가 마리아가 옥합을 깨트림에서 보는 것은 무엇입니까? 우리는 대부분 그의 믿음이 대단하다고 생각합니다. 그러나 그것은 믿음이 아닙니다. 마리아는 믿음이 있어서 옥합을 깨뜨렸고 우리는 믿음이 없어서 옥합을 깨뜨리지 못하였다고 생각하기 쉽습니다.  그러나 마리아가 옥합을 깨트릴 수 있었던 것은 그의 믿음이 아니라 사랑이었습니다. 우리가 마리아가 옥합을 깨트림에서 보아야 할 것은 그의 믿음이 아니라 주님을 향한 사랑입니다.

우리는 다시 진실을 보아야 합니다. 마리아가 옥합을 깨트린 것은 믿음입니까? 아닙니다. 그것은 사랑입니다. 그가 드릴 수 있는 것은 사랑이었습니다. 우리는 의무로도 드리고, 어느 순간 습관적으로 드리기도 할 수 있습니다. 그러나 우리의 예물과 드림은 사랑이 되어야 합니다. 주의 몸 된 교회를 사랑함으로 물질로 드리고, 시간을 드려 섬기고 봉사하고 헌신하는 것입니다. 주의 일을 믿음으로 하려고 하면 반드시 한계가 있습니다. 그러나 사랑으로 하면 결코 한계가 없는 것입니다.

### 3. 옥합의 쓰임 받음

마리아는 향유 옥합을 귀하게 드리고자, 귀하게 쓰임을 받고자 예비하였고, 사랑으로 드렸습니다. 이제 옥합이 어떻게 쓰임을 받았습니까? 이 옥합은 주님의 죽으심을 위하여 예비된 것이었습니다. 마리아는 자신의 옥합이 어떻게 쓰임을 받을지 몰랐지만 놀랍게도 그 옥합은 주님의 장사됨을 위하여 예비된 옥합이 되었습니다. 그것은 손님을 영접하거나 식사를 위하여 예비된 것이 아니었습니다. 죽은 자를 위하여 기름을 바를 시간적인 여유도 없는 주님의 몸에 죽으시기에 전에 그 몸에 기름을 발라 그 죽으심을 예비함이 된 것입니다.

마리아의 옥합은 가장 귀하게 쓰임을 받았습니다. 그것은 단지 예수님의 몸에 부었다는 데에 의미가 있는 것이 아니라 주님의 장사를 예비함이 됨의 의미가 있는 것입니다.

마리아는 향유를 예수님의 발에 붓고 자기의 머리털로 그의 발을 닦았습니다. 마리아가 씻은 예수님의 발은 어떠한 발입니까? 그 발은 십자가 골고다 험한 길을 떠나는 발입니다. 주님께서 가시는 그 길은 누구도 함께 갈 수 없는 길입니다.

우리는 더 이상 마리아와 같이 눈물로서 예수님을 골고다로 보낼 일은 없을 것입니다. 이미 예수님께서는 자신의 그 길을 걸으셨으며 죽으시고 부활하시고 하늘의 보좌에 앉아계십니다. 이제 우리들, 오늘을 살아가는 우리들에게 남아 있는 것이 있습니다. 이제 우리들에게 남아 있는 옥합은 주님의 복음을 위하여 깨어질 것입니다. 하나님의 나라를 위하여 우리들의 옥합을 깨어야 할 것입니다. 이것이 우리들이 할 수 있는 것입니다. 오늘을 살아가는 마리아는 바로 하나님의 나라를 위하여 자신의 옥합을 깨는 자인 것입니다.

복음이 전해지는 곳에 능력이 있습니다. 역사가 있습니다. 구원의 능력이 복음 가운데 있게 되는 것입니다. 오늘 이 여인의 행위가 값진 것은 그의 삶의 전부를 드림에 있는 것이 아닙니다. 두 렙돈을 드렸던 여인이 칭찬을 받은 것은 드림에 있어서는 마리아의 드림보다 더 큰 칭찬입니다. 왜냐하면 두 렙돈은 우리 돈으로 약 천 원 정도 되는 돈이지만 가난한 과부에게 있어서는 자신의 모든 것을 드렸기 때문입니다. 그러나 과부의 두 렙돈보다 마리아의 향유 옥합이 더 귀합니다. 그것은 300데나리온이라는 엄청난 값어치에 있는 것이 아니라 마리아의 드림이 복음을 위해서, 예수 그리스도의 죽음을 예비하는 일에, 복음을 위하여 쓰임을 받았기 때문입니다. 그러므로 주님께서는 말씀하시기를 "내가 진실로 너희에게 이르노니 온 천하에 어디서든지 이 복음이 전파되는 곳에서는 이 여자가 행한 일도 말하여 그를 기억하라"(마 26:13)고 최고의 칭찬과 축복을 하여 주신 것입니다.

성경은 옥합을 깨트린 여인을 부러움으로 보라고 말씀하시는 것이 아닙니다. 우리는 옥합을 깨트린 여인과 같이 옥합을 준비함이 있어야 할 것이며, 옥합을 깨뜨린 여인과 같은 주님을 향한 사랑을 가져야 할 것이며, 마지막으로 옥합을 깨뜨린 여인과 같이 복음에 쓰임을 받을 수 있기를 사모해야 할 것입니다.

## 2. 대제사장들이 나사로까지 죽이려고 모의함을 살펴봅시다(9-11절).

유대인의 큰 무리가 예수님께서 베다니에 계신 줄을 알고 왔습니다. 그들이 이와 같이 옴은 예수님만 보기 위함이 아니라 죽은 자 가운데서 살리신 나사로도 보기 위함이었습니다. 이에 대제사장들은 나사로까지 죽이려고 모의하게 됩니다. 왜냐하면 나사로 때문에 많은 유대인이 가서 예수님을 믿었기 때문입니다.

## 묵 상

01    마리아가 지극히 비싼 향유를 드림의 의미에 관하여 나누어 봅시다.

02    향유와 복음에 관하여 나누어 봅시다.

03    나사로까지 죽이려 함에 관하여 나누어 봅시다.

## 되새김

옥합은 가룟 유다의 비난을 받을 정도로 귀한 것이었으나 거룩한 낭비가 되었습니다. 이는 예비되고, 준비된 것이며, 사랑의 헌신이며, 귀하게 쓰임을 받은 바가 됩니다. 우리들의 삶의 옥합도 복음을 위하여 이와 같이 거룩한 낭비로 아름답게 쓰임을 받기를 사모하여야 할 것입니다.

# 35

## 예루살렘 입성
## 12장12~19절

## Key Point

유월절 엿새 전 베다니의 향유 사건과 나사로의 살해 음모 기사 후에 예수님의 예루살렘 입성이 이루어집니다. 예수님의 예루살렘 입성은 한편으로는 향유 사건을 통해서 그의 장례와 죽음을, 다른 한편으로는 나사로의 살해 음모에도 불구하고 다시 살아난 그를 통해서 예수 그리스도의 다시 사심과 참된 이스라엘의 왕 되심을 선포합니다.

베다니의 잔치는 유월절 엿새 전으로서 토요일에 해당되며 예수님의 예루살렘 입성은 그 이튿날인 오늘날 주일입니다. 앞으로 명절이 오기까지는 수일이 남음에도 불구하고 이미 예루살렘에는 큰 무리가 있었으며 그들은 예수님께서 예루살렘으로 오신다는 소식을 듣게 됩니다.

베다니의 죽은 나사로가 다시 살아남은 예수 그리스도의 죽음과 부활을 예표하는 것입니다. 요한복음은 예수님의 예루살렘 입성의 이야기를 유월절 엿새 전에 향유를 부은 여인의 이야기로부터 시작하였습니다. 이는 그의 행위가 예수님의 장례를 준비함이 되기 때문입니다. 사람들은 다시 살아난 나사로까지 죽이고자 하였고 이러한 위기 속에서 예수님의 예루살렘 입성이 이루어집니다. 비록 사람들은 나사로까지 죽이고자 하였지만 이미 나사로를 다시 살리심으로 죽음의 위기 속에서도 예수님께서는 참된 승리자로, 이스라엘의 왕으로 예루살렘을 입성하시는 것입니다.

## 1. 예수님을 맞이하는 모습을 살펴봅시다(12-13절).

명절에 온 큰 무리가 예수님께서 예루살렘으로 오신다는 소식을 듣고 종려나무 가지를 가지고 맞으러 나가 '호산나 찬송하리로다 주의 이름으로 오시는 이 곧 이스라엘의 왕이시여' 하였습니다.

앞으로 수일이 더 있어야 유월절 명절이 되지만 이미 예루살렘에는 명절을 지키러 온 많은 사람들로 가득하였습니다. 그들은 예수님께서 오신다는 소식을 듣고 종려나무를 가지고 맞이하였습니다. 예수님을 맞는 무리들이 종려나무 가지를 가졌다는 것은 요한복음에만 있는 말씀으로 종려나무는 승리를 뜻합니다(계 7:9, cf. 레 23:40). 마카비 혁명 때에도 시몬이 예루살렘에 입성하였을 때에 사람들은 종려나무 가지를 들고 그를 환영하였습니다. 이들이 외쳤던 '호산나'는 구원하다는 뜻의 '야솨'와 원한다는 '나'의 결합된 말로 '구원을 원합니다', '원컨대 구원하소서', '지금 구원하소서'라는 의미를 가집니다. 이는 사람들의 간절한 소망이 무엇인지를 밝히는 것입니다. 비록 이들의 생각은 동상이몽으로 예수님의 뜻과 달랐지만 성경은 이를 통해서 참된 왕의 진정한 모습이 무엇인가를 우리들에게 보이시는 것입니다.

## 2. 예수님께서 어린 나귀를 타심을 살펴봅시다(14-16절).

이미 공관복음의 세 복음서를 통해서 나귀 새끼를 취한 말씀이 있으므로 요한복음에서는 이에 관한 말씀은 생략합니다. 요한복음의 말씀 또한 마태복음과 함께 이 사건이 말씀에 대한 성취임을 전하며 다만 요한복음은 스가랴 9장9절의 성취뿐만 아니라 스바냐 3장16절로 보이는 '두려워하지 말라'는 말씀을 첨가합니다. 제자들은 예수님께서 나귀 새끼를 타신 이유를 깨닫지 못하다가 예수님께서 영광을 얻으신 후에야 이것이 예수님께 대하여 기록된 것임과 사람들이 예수님께 이같이 한 것임을 생각하게 됩니다.

## 3. 나사로의 일에 대하여 증언한 자들에 관하여 살펴봅시다(17-18절).

예수님의 예루살렘 입성에 수많은 사람들이 맞이하게 된 경위에 관하여 요한복음은 조금 더 자세하게 설명합니다. 그것은 나사로 살리신 일을 직접 목도한 사람들이 예루살렘에서 이야기하였기 때문입니다. 주님께서는 나사로의 일을 통해서 다만 그의 권능을 나타내시고자 하심이 아닌 자신에 관하여 증언하고자 하셨습니다. 그들은 표적 행하심을 들었으나 참되게 그 표적을 믿는 자는 되지 못하였습니다.

## 4. 바리새인들의 탄식의 말을 살펴봅시다(19절).

예수님의 예루살렘 입성에 수많은 사람들의 환영함에 그를 죽이고자 하였던 자들은 좌절할 수밖에 없었습니다. 그들은 서로 말하기를 볼지어다 너희 하는 일이 쓸 데 없다 보라 온 세상이 그를 따르는도다 하였습니다. 그들은 도리어 좌절하였을 때에 복되었습니다. 저들의 좌절과 달리 그들은 예수님을 죽이고자 하는 그들의 목적을 이루었습니다. 그러나 하나님께서 저들의 악함을 통해서도 하나님의 뜻을 이루신 것입니다. 주님께서는 이 땅에서 존경을 받고, 높임을 받으시기 위한 것이 아니라 우리들의 죄를 위하여 십자가에서 죽으시기 위하여 오신 것입니다.

## 묵상

01   예수님의 예루살렘 입성의 의미에 관하여 나누어 봅시다.


02   예수님께서 한 어린 나귀를 타심에 관하여 나누어 봅시다.


03   예수님의 예루살렘의 입성으로 환영했던 사람들에 관하여 나누어 봅시다.


## 되새김

예수님의 예루살렘 입성을 환영했던 사람들이 이같이 함은 예수님께서 죽은 나사로를 살리심의 증언을 들었기 때문입니다. 그러나 예수님께서는 예루살렘에 입성하신 것은 그의 죽음과 부활을 위한 것입니다. 저들은 비록 환영하였지만 예수님의 예루살렘 입성의 깊은 의미를 알지 못하였습니다.

PART

# 36

## 예수님을 찾아온 이방인들
## 12장20~36절

**Key Point**

요한복음은 예수님께서 예루살렘 입성하신 후에 있었던 많은 대결과 사건에 관하여 생략합니다. 다만 헬라인들의 방문을 통한 예수님의 예루살렘 입성이 갖는 의미와 목적에 관하여 알게 하십니다. 예수님은 한 알의 밀알이 되시기 위하여 예루살렘에 입성하신 것입니다.

베다니의 향유 사건과 나사로의 살해 음모, 예수님의 예루살렘 입성 후에 헬라인들의 방문에 관하여 전합니다. 이는 더욱 구체적으로 예수님께서 예루살렘에 입성하신 목적과 그 행하실 일들에 관하여 알게 합니다. 이 이방 사람들의 방문은 복음이 예루살렘에 국한되지 않고 열방을 향한 빛이심을 나타냅니다.

### 1. 헬라인 몇이 예수님을 찾아옴을 살펴봅시다(20-22절).

예수님의 예루살렘 입성에 있어 예수님을 찾아온 헬라인 몇 사람에 관하여 전합니다. 이는 이방에 대한 복음의 열매를 보여줍니다. 예수님의 예루살렘 입성은 십자가를 향한 것이며 이 십자가는 이방 사람들까지 복음으로 하나가 되게 하실 것을 보이시는 것입니다.

명절에 예배하러 올라 온 사람 중에는 헬라인 몇이 있었는데 그들 또한 예수님께 관심을 가지고 갈릴리 벳새다 사람 빌립에게 가서 청하여 '선생이여 우리가 예수를 뵈옵고자 하나이다' 하였습니다.

빌립은 이 일을 안드레에게 가서 말하고 안드레와 빌립은 함께 예수님께 말씀드리게 됩니다.

## 2. 예수님의 대답을 살펴봅시다(23-26절).

헬라인들이 예수님을 만나고자 하는 청함에 예수님께서는 자신이 예루살렘에 오신 목적에 관하여 알게 하십니다. 인자가 영광을 얻을 때가 왔습니다. 이 영광은 예수님의 고난과 죽음과 부활과 승천을 의미합니다. 또한 한 알의 밀알에 관하여 말씀하셨습니다. 이 또한 예수님의 죽음과 부활에 대한 말씀이 됩니다. 헬라인들의 청함에 예수님께서 자신이 이 땅에 오신 목적과 그 결과로써 응답하여 주신 것입니다. 더 나아가 주님께서는 제자들에게 자신을 따를 것에 관한 제자도에 관한 말씀을 주십니다. 십자가의 길은 주님의 길이지만 제자들 또한 그를 따를 수 있어야 합니다.

"자기의 생명을 사랑하는 자는 잃어버릴 것이요 이 세상에서 자기의 생명을 미워하는 자는 영생하도록 보전하리라 사람이 나를 섬기려면 나를 따르라 나 있는 곳에 나를 섬기는 자도 거기 있으리니 사람이 나를 섬기면 내 아버지께서 그를 귀히 여기시리라"(요 12:25-26)

## 3. 예수님의 고뇌를 살펴봅시다(27절).

헬라인들의 청함에 예수님의 행하실 바와 그 결실에 관하여, 제자도에 관하여 말씀하심에 이어 예수님께서는 이 모든 일을 앞둔 자신의 고뇌에 관하여 밝힙니다. 자신을 기꺼이 내어주시는 요한복음의 특징 가운데 요한복음에는 겟세마네의 기도가 생략되지만 헬라인들의 청함에 대한 응답의 말씀 속에서 예수님의 고뇌의 모습이 담겨 있습니다.

"지금 내 마음이 괴로우니 무슨 말을 하리요 아버지여 나를 구원하여 이 때를 면하게 하여 주옵소서. 그러나 내가 이를 위하여 이 때에 왔나이다. 아버지여, 아버지의 이름을 영광스럽게 하옵소서"(27-28절)

## 4. 하늘의 소리를 살펴봅시다(28-33절).

예수님은 하나님의 영광을 구하였습니다. 예수님께서는 자신의 사역을 통해서 아버지를 영광스럽게 하기를 원하였습니다. '아버지여, 아버지의 이름을 영광스럽게 하옵소서' 이에 하늘에서 소리가 나서 '내가 이미 영광스럽게 하였고 또 다시 영광스럽게 하리라' 하늘의 음성은 세 번에 걸쳐서 나타납니다. 예수님께서 세례를 받으실 때(마 3:17), 변모산에(마 17:5) 이어 세 번째는 이번 과에서 나타납니다.

곁에 서서 들은 무리들은 청둥이 울었다고도 하며 또 어떤 이들은 천사가 그에게 말하였다고도 하였습니다. 이에 예수님께서는 세 가지를 말씀하십니다. 첫째, 이 소리가 난 것은 예수님 자신을 위한 것이 아니라 그들을 위한 것이며 둘째, 이에 이 세상에 대한 심판이 이름으로 이 세상 임금이 쫓겨날 것이며 셋째, 주께서 땅에서 들리면 모든 사람을 이끄실 것입니다. 주께서 이렇게 말씀하심은 십자가 죽음으로 자기가 어떠한 죽음으로 죽을 것임을 보이심입니다.

## 5. 인자가 들려야 하리라 함에 관한 무리들의 질문과 예수님의 답변을 살펴봅시다(34-36절).

복음을 이해하지 못하는 이들은 인자가 들려야 하리라 함에 관하여 알지 못하였습니다. 그들은 율법에서 그리스도가 영원히 계신다 함을 알았습니다. 그러므로 인자가 들려야 함에 관하여 이해하지 못한 것입니다. 이에 예수님께서는 자신이 함께 있는 때는 잠시 동안 빛이 그들 중에 있는 것이며 빛이 있을 동안에 빛을 믿어 빛의 아들이 되라 말씀하셨습니다.

## 묵 상

01  헬라인의 방문이 주는 교훈에 관하여 나누어 봅시다.


02  한 알의 밀알의 교훈에 관하여 관하여 나누어 봅시다.


03  예수님의 고뇌와 하늘의 소리에 관하여 나누어 봅시다.


## 되새김

헬라인들의 방문은 예수 그리스도의 죽음과 부활이 열방을 향한 것임을 알게 합니다. 주님께서는 한 알의 밀알이 되어 많은 열매를 맺게 되실 것입니다. 열매는 가지로부터 열립니다. 그러나 그 이 전에 열매를 한 알의 밀이 땅에 떨어져 죽음으로 말미암는 것입니다.

# PART

# 37

## 유대인의 불신과 정죄
## 12장37~50절

## Key Point

헬라인들의 방문은 예수님의 예루살렘 입성을 통해서 행하실 일들과 그 결과에 관하여 알게 하십니다. 그러나 이번 과는 이러한 예수님의 십자가 죽음과 부활에도 불구하고 그를 믿지 못하는 자들에 관하여 알게 하십니다.

## 본문 이해

　요한복음은 특징적으로 예루살렘 입성 후 한 주간에 이루어지는 많은 사건에 관하여 생략하고 다만 예수님의 긴 말씀에 관하여 전합니다. 13장으로부터 시작되는 다락방 강화에 이전에 12장은 이에 대한 도입적인 역할을 합니다. 베다니의 향유 사건과 나사로의 살해 음모를 통한 예수님의 죽음과 부활의 교훈, 예수님의 예루살렘 입성과 헬라인의 방문을 통한 복음을 결과에도 불구하고 사람들의 불신에 관하여 이번과는 전합니다.

### 1. 유대인들의 불신을 살펴봅시다(37-41절).

　요한복음은 서론에서 예수님께서 자기 땅에 오셨으나 자기 백성이 영접하지 않음을 밝혔습니다(요 1:11). 예수님께서는 그들을 위하여 많은 표적을 행하셨으나 그들은 예수님을 믿지 않았습니다. 이는 선지자의 말씀에 대한 성취입니다. 요한복음 이사야 51장 1절과 이사야 6장 10절을 인용하여 유대인의 불신을 책망합니다.

　"우리가 전한 것을 누가 믿었느냐 여호와의 팔이 누구에게 나타났느냐"(사 53장 1절)

　"여호와께서 이르시되 가서 이 백성에게 이르기를 너희가 듣기는 들어도 깨닫지 못할 것이요 보기는 보아도 알지 못하리라 하여 이 백성의 마음을 둔하게 하며 그들의 귀가 막히고 그들의 눈이 감기게 하라 염려하건대 그들이 눈으로 보고 귀로 듣고 마음으로 깨닫고 다시 돌아와 고침을 받을까 하노라"(사 61장9-10절)

이사야의 환상은 그리스도의 영광과 주를 가리켜 말한 것입니다.

## 2. 관리 중에서 믿는 자들을 살펴봅시다(42-43절).

관리 중에도 예수님을 믿는 자가 많았으나 출교를 당할까 두려워하며 바리새인들 때문에 드러나게 말하지 못하였습니다. 그들은 사람의 영광을 하나님의 영광보다 더 사랑한 사람들입니다.

## 3. 유대인들을 향한 예수님의 말씀을 살펴봅시다(44-50절).

예수님께서는 외쳐 이르시기를 나를 믿는 자는 나를 믿는 것이 아니요 나를 보내신 이를 믿는 것이며 나를 보는 자는 나를 보내신 이를 보는 것이라 하심으로 자신과 성부 하나님이 하나이심을 밝히셨습니다.

또한 예수님께서는 자신이 이 땅에 빛이 되심을 말씀하십니다. 주는 빛으로 세상에 오셨으므로 주를 믿는 자는 어둠에 거하지 않게 하십니다.

사람이 주의 말씀을 듣고 지키지 아니할지라도 주께서 그를 심판하지 않음은 주께서 온 것은 세상을 심판하려 함이 아니라 세상을 구원하려 하시기 때문입니다. 그러나 주를 저버리고 그 말씀을 받지 아니하는 자는 주께서 한 말씀이 마지막 날에 그를 심판할 것입니다.

주께서는 자의로 말씀하신 것이 아니라 주를 보내신 아버지께서 주께서 말할 것과 이를 것을 친히 명령하여 주셨습니다. 그의 명령은 우리를 영생으로 인도하시는 것입니다.

## 묵상

01  표적에도 불구하고 믿지 아니하는 사람들에 관하여 나누어 봅시다.

02  자신의 믿음을 드러내지 않는 사람들의 그 이유와 교훈에 관하여 나누어 봅시다.

03  믿지 않는 자들을 향한 예수님의 선포에 관하여 나누어 봅시다.

## 되새김

복음을 믿지 않은 것은 표적이 부족하기 때문이 아닌 그들의 눈이 멀고 마음이 완악하기 때문입니다. 자신의 믿음을 드러내지 않음은 사람의 영광을 하나님의 영광보다 더 사랑하기 때문입니다. 주님께서 이 땅에 오신 것은 세상을 구원하려 오셨지만 믿지 않는 자에게는 마지막 날에 심판이 예비되어 있습니다.

# 참고도서

- Barrett, C. K. *The Gospel according to St. John: An Introduction with Commentary and Notes on the Greek Text. 2d ed.* Philadelphia:Westminster, 1978.
- Barret, C. K. *The Holy Spirit in the Fourth Gospel.* J.T.S 1, 1950.
- Beasley-Murray, George R. John. 2d ed. 『WBC 성경주석: 요한복음』. 서울: 솔로몬, 2001.
- Betz, O. *Der Parakle.* Leinden, 1963.
- Bornkamm, G. *Der Paraklet im Johannes-Evangelium.* Gesdircbte und Glaube, Part Ⅰ. München:Chr Kaisar Verlag, 1968.
- Brown, R.E. *The paraclete in the Forth Gospel.* NTS Vol.13, 1966.
- Charlesworth, J. H. *A Critical Comparision of the Dualism in 1QS(ⅲ, 13-iv,26) and the 'Dualism contained in the Fourth Gospel.* NTS 15, 1969.
- Davies, J.G. *The Primary Meaning of Parakletos.* JTS 4, 1953,
- Johnston. *The Spirit-Paraclete in the Gospel of John.* Cambridge:University Press, 1970.
- Kysar, R. *The Fourth Evangelist and His Gospel.* An Exemination of Contemporary Scholarship. Minneapolis: Augsburg Publishing House, 1975.
- Potterie. *Le Paraclet.* La Vie selon l'Esprito Condition du Chretien. Paris: Cerf, 1965.
- Vawter, B. *Ezekiel and John.* CBQ ⅩⅩⅤ, 1964.
- Windisch, H. *The Spirit-Paraclete in the Fourth Gospel.* tr. James W. Cox. Philadelphia: Fortress, 1968.

- Machen, J. G. 『신약성서 희랍어 교본』. 서울: 대한기독교서회, 1989.
- 김득중. 『요한복음』. 서울: 컨콜디아, 1994.
- 박수암. 『요한복음』. 서울: 대한기독교서회, 2002.
- 성종현. 『신약총론』. 서울: 장로회신학대학 출판부, 1992.
- 이상근. 『요한복음』. 서울: 총회교육부, 1961.
- 이순한. 『요한복음서 강해』. 서울: 한국기독교교육 연구원, 1993.
- 이상훈. 『대한기독교 서회 창립 100주년 기념 성서주석: 요한복음』.
  서울: 대한기독교서회, 1993.
- 헨드릭슨. 『요한복음(하)』. 서울: 아가페, 1981.
- 스티븐, S. 스몰리. 『요한신학』. 서울:풍만, 1988.
- 카슨, D. A. 『PNTC 주석 시리즈: 요한복음』. 서울: 도서출판 솔로몬, 2017.

# 요한복음 (상)

초판인쇄일 _ 2021년 10월 21일
초판발행일 _ 2021년 10월 21일

펴낸이 _ 임경묵 목사
펴낸곳 _ 도서출판 다바르

주소 _ 인천 서구 건지로 242, A동 401호(가좌동)
전화 _ 032) 574-8291

지은이 _ 임경묵 목사
　　　　연세대학교 신학과 졸업
　　　　장로회신학대학교 신대원 졸업(M.Div.)
　　　　장로회신학대학교 대학원 졸업(Th.M.)
　　　　현) 주향교회 담임목사
　　　　현) 다바르 말씀 사역원 원장

기획 및 편집 _ 장원문화인쇄
인쇄 _ 장원문화인쇄
ISBN 979-11-974735-1-7